软实力：河南文物与经济社会发展

北京大学现代中国研究中心

软实力与文化遗产课题组

红旗出版社

序 言

孙家正

文化看似柔弱，实则坚强。当历史的尘埃落定，许多喧嚣一时的东西都会烟消云散，唯有优秀的文化，会长留世间。它给人们以思想的启迪、心灵的温暖，让人们以感恩心情怀念逝去的岁月，同时，勉励人们在报效国家、造福社会的过程中去创造自己有意义的人生。

每当历史处于发展、转折或变革时期，文化的人文关怀作用显得尤为重要。文化是一定历史、一定地域、一定人类种群的生存状态和愿望的反应，反过来又对人的生存和发展起着能动的作用。对于民族，文化是灵魂和旗帜；对于国家，文化是形象和软实力；对于一个地区或单位，文化是品牌和资源。文化因此成为一个国家软实力的重要内容,全世界各国在发展文化软实力的时候，常常把文物——物质文化遗产的保护和利用作为一个非常重要的着力点。

文物是一种促使人们为当前的民族生存竞争与共同向往的美好未来共同奋斗的力量。它代表一个民族国家的特有的文明模式，代表其物质资源、物质生产、文化资源与时代文化的发展模式，见证了一个民族国家的祖先共同经历过的过去，见证了其过去的文明发展状况，足以激发人们强烈的民族自豪感、民族自尊心和自信心。

文物古迹中所蕴涵的精神气质、思维方式、生活方式，以及我们文化中所特有的伦理精髓和传统价值观也在不知不觉之中深入人心，得到了认同和接受，这种力量甚至能够影响到他国人民的思想和行为，从而有助于改变、改善这些国家对于中国的立场和态度。

文物是有形的历史文化载体，并且是不可再生和不可替代的文化财富。

文物需要保护似乎是人尽皆知，好像每个人都知道文物的重要性，都知道文物对经济和社会发展的贡献很大。但是，文物对经济和社会究竟贡献了些什么？文物对经济和社会的贡献究竟有多大？可能就没有什么人能说得清了。

《软实力：河南文物与经济社会发展》课题研究尝试对河南省文物资源的经济价值和社会价值作出相对准确的判断和量化评估，以此为中国保护和利用文物资源探索出一条路径。

文化遗产和文物资源的价值能不能得出一个量化的指标？提出这个问题不仅仅是为了满足人们的好奇心，也是因为这样的量化研究可以直接地让政府和社会公众提高文化遗产的保护意识，为各级政府实现社会发展模式转型提供决策依据，更有效地开发利用文物资源的价值，在涉及到文化遗产的问题上做出更合理的发展和建设规划。

一个民族，只有保持着生生不息的思想活力和历久弥新的文化传统，才能自立于世界民族之林。但文化作用的发挥不是自然发生的，它需要辩证的思考、理性的能动，需要宏观的引领和脚踏实地的建设。《软实力：河南文物与经济社会发展》课题研究就是文化建设的有益尝试。

目录

Content

导论

商代司母戊鼎

一、课题研究背景与研究目的

（一）研究背景

二战以来，国际环境相对和平，世界各国，尤其是西方社会在雄厚的经济基础与美国的大力扶持下，迅速恢复物质生产，同时也在大力推进新一轮更彻底的工业化与城市化发展。但在这一过程中发现，过度的经济发展与城市化进程破坏了历史环境，割断了城镇的历史联系，消灭了文化的地域特色。为此，西方社会逐渐重视保护本地区的文物，欧洲各国纷纷重新审视本国的文化遗产保护政策与保护目标，荷兰于1961年、法国于1962年、日本于1966年、英国于1967年、意大利于1967年制定了新的文化遗产法规，更加清晰地确认了文化遗产及其周边环境的价值。很明显，西方社会已经认识到，保护本国的文物是保护文化资源与民族历史，更是保护本国的文化实力与国家软实力，进而保护民族的未来。

1972年，联合国教科文组织在巴黎通过了《保护世界文化与自然遗产公约》（以下简称《世界遗产公约》），从此确立了世界遗产这个重要的概念，要求缔约国要承认、确定、保护、保存、展出本国领土内的文化遗产与自然遗产，并将它传给本国与世界的后代；同时明确这类遗产是世界遗产的一部分，整个国际社会都有责任进行合作，予以保护。此后，世界文化与自然遗产在世界各国获得了空前的重视，迄今为止已经有186个国家加入公约，成为拥有缔约国最多的国际公约之一。

《世界遗产公约》诞生以来，陆续又推动了覆盖文化遗产各个领域的许多重要的公约、宪章、宣言与决议的制定，从而引发了一场从国际组织、各国政府，到各遗产地与普通民众广泛参与且影响深远的文化与自然遗产保护运动。1987年，国际古迹遗址理事会（ICOMOS)在华盛顿通过了《保护历史城镇与城区宪章》；1999年，在墨西哥通过了《关于乡土建筑遗产的宪章》；2005年，在西安通过了《西安宣言》以

“保护历史建筑、古遗址与历史区域周边环境”。[①]

河南省安阳市殷墟全貌

西方社会国家与民间科研学术机构开始投入大量人力物力，开展世界遗产尤其是世界文化遗产的保护与研究工作。欧盟“科学发展第六框架计划（2002–2006）”确立了文化遗产保护与相关研究作为增强经济潜力与民族凝聚力的战略重点；意大利启动了“文化遗产保护特别项目”；法国实施了“文化遗产国家级研究计划”；美国制定了“挽救美国财富计划”；印度提出利用现代科学技术的全部潜力来保护、保全、评价、更新、尊重与利用印度的悠久文明。

可见，在世纪转折点，世界各国尤其西方发达国家都充分认识到文化遗产带来的日益丰富的物质财富（经济财富）与文化财富（精神财富），而且逐渐认识到其中蕴藏的无穷力量，因而都空前地提高了对文化遗产的重视程度。西方社会已很清楚，要建设强大的时代文化，必须强化保护与利用本国文化遗产的意识与能力。

① 单霁翔：《从“文物保护”走向“文化遗产保护”》，天津大学出版社2008年11月第1版，第13页。

本课题组认同：“文化遗产保护已经上升到国家战略的高度”的提法。[①] 并认为保护与利用本国的文化遗产将成为世界各国，尤其是世界强国与文化强国全力竞争并控制的文化资源与文化产品的战略制高点。按照国家软实力理论，文化遗产不仅能够巩固国家硬实力的已有增长，更能带来国家软实力的持续增强，使世界强国与地区强国不仅具备刚性威慑力，而且具备柔性感召力，在世界硬战争与软战争中都获得绝对优势。

我国现代意义的“文物”是伴随着20世纪初期现代考古学在学术界确立而产生的。清王朝后期，清政府于1906年（光绪三十二年）设立民政部，制定了《保存古物推广办法》。民国初年的1914年颁布了《大总统禁止古物出口令》，制止外国所谓考古学家与探险家对中国文物的野蛮掠夺。1928年，内政部又颁布《名胜古迹古物保存条例》，1930年颁布了我国历史上第一部国家文物法——《古物保护法》。

新中国成立以来，文物的保护与研究一直受到中央和地方各级政府的重视。一方面轰轰烈烈地开展工农业生产，构建新中国独立自主的庞大工农业体系；另一方面也深刻地认识到我国优秀的文化资源尤其是文物的社会价值，并对全国重要文物进行保护。我国的文物保护与考古发掘研究工作在老一辈文物工作者的努力下生机勃勃地在全国各地迅速开展起来。

1961年，国务院颁布了《文物保护管理暂行条例》，正式提出了国家、省与县（市）三级的文物保护单位的名称及内容，并公布了第一批180处全国重点文物保护单位。1982年，新中国成立以来第一部《文物保护法》颁布。1997年，国务院发出《关于加强和改善文物工作的通知》。2002年颁布了新修订的《文物保护法》，确立了“保护为主，抢救第一，合理利用，加强管理”的文物工作方针，为新时期的文物保护与利用奠定了法律基础。

经过改革开放30多年的发展，政府与民间的有识之士逐渐认识到，

① 单霁翔：《从“文物保护”走向“文化遗产保护”》，天津大学出版社2008年11月第1版，第12页。

仅重视物质生产，仅有物质财富的增长，国家仅具硬实力是不够的，没有文化财富的同步增长，我国的软实力成为综合国力的短板，不仅阻碍了文化资源的传承与创新，而且降低了我国文化资源在世界文化中的比重与分量，削弱了中华文化在世界范围的传播力与感召力。

胡锦涛总书记在党的十七大报告中指出："当今时代，文化越来越成为民族凝聚力与创造力的重要源泉、越来越成为综合国力竞争的重要因素，丰富精神文化生活越来越成为我国人民的热切愿望。"本课题组认为，文化不仅是推动社会发展的重要手段，而且是文明进步的重要目标；不仅是民族凝聚的精神纽带，而且关系到民生和人民幸福；不仅对经济增长的直接贡献越来越大，而且对提升经济发展质量的作用日益突出。文化所具有的引导社会、教育人民、推动发展的功能正在被全社会广泛认同。只有激发并具备了文化创造力的民族才能拥有其他领域的创造力。

中共中央政治局常委李长春同志2010年在我国第五个文化遗产日发表的重要文章中指出："文化遗产是我们民族悠久历史的鉴证，是民族智慧的结晶、民族精神的象征，是民族生命力与创造力的重要体现，也是人类文明的瑰宝。保护好、传承好、利用好、发展好这些文化遗产，对于继承与发扬中华民族优秀传统文化，弘扬以爱国主义为核心的民族精神与以改革创新为核心的时代精神，维护国家统一与民族团结，推动社会主义文化大发展大繁荣，促进国际文化交流与人类共同发展，具有十分重要的意义。"

在中国经济社会发展中，文化资源及其核心——文物，已经成为维护民族创造力、生命力与凝聚力的重要力量，已经成为提高国家软实力与综合国力的重要战略资源，在此国际与国内背景下，深入开展文物对国家与区域经济社会发展的重要价值和意义的研究无疑是具有重要意义的。

（二）研究目的

1. 建立文物的动力与价值理论及其评估体系

本课题组结合国家软实力、区域软实力、城市软实力等理论与国际文物保护与可持续利用研究的最新理论成果，经过细致调研与充分论证，在本报告中提出了：（1）文物的软实力理论，其中包括：文物的软实力理论及其核心动力与核心价值理论；（2）文物的经济价值理论及其评估体系；（3）文物的社会价值理论及其评估体系；（4）文物的可持续发展理论与模式。希望通过科学严谨的论证，为河南地方政府对文物进行统筹规划，发挥文物更大的经济社会价值，转变经济发展方式，建设中原经济区提供决策依据。希望引起政府部门、经济部门与学术部门对文物保护和利用的重视，努力提高我国文物保护与利用的研究与实践水平，挖掘其在城市、区域与国家三个层面的软实力中的潜力。

从中外实践看，对文物的保护有助于发掘文物的经济社会价值，提升地区文化形象，提高文化创造力、生命力、凝聚力、净化力、传播力与感召力，从而为区域经济社会的发展构建优越的文化环境，拉动区域经济发展并形成良好的互动，促进区域社会繁荣，提升区域人口素质，提高人民生活质量。

本课题的研究证明，文物能够为国家、区域与城乡带来稳定的、可持续增长的经济价值与社会价值。文物部门不应被置于边缘地位，完全能够成为经济社会发展的重要力量。也希望通过对河南文物保护、利用工作的分析研究，为全国文物保护利用工作提供参考。

2. 实施发展转型战略需要重新认识文物蕴藏的动力与价值

北京大学现代中国研究中心系多学科、跨院系的研究教学机构，是国内软实力研究的首席机构。我们认为：文物是国家的软实力资源之一。在这种意义上，有力保护、深入研究与适度地利用文物是软实力建设的核心工作。文物是有形的历史文化载体，是不可再生和不可替代的，不仅是文化财富，而且能够带来物质财富。文物保护与利用带来经济的增长、社会的发展、城乡面貌的改善、国民精神的充实，其效益是综合的和全面的。有力保护与深入研究文物不但能传承民族文化，加强民族文化认同感，同时，对文物的深入研究与适度利用可以为中国转向均衡的、可持续发展模式提供一种持续有效的文化资源。提高对文物价值与文物动力的认识符合21世纪发展的要求，符合物质财富与文化财富均衡发展的要求，符合区域硬实力与软实力、国家硬实力与软实力均衡建设的要求。

今天，各级政府和全社会都高度重视文物保护工作。但是，文物的价值究竟体现在哪些方面？对国民经济与社会发展的贡献究竟有多大？能否有一个量化的指标？这些都是大家广泛关心的问题。在此背景下，调查和研究文物对区域与国家经济社会发展的重要作用并设法进行量化评估显得很有必要。

基于上述认识，北京大学现代中国研究中心组建课题组展开研究，尝试对河南文物的经济价值和社会价值进行判断和量化评估，建立文物的价值与动力系统，建立文物的软实力理论，以此为中国保护与利用文物资源探索出一条路径。

为了总结河南省文物保护与利用的经验，提高各级政府对文物的认识，促进文化财富与物质财富均衡增长，北京大学现代中国研究中心开展本课题研究，提出文物的软实力理论，通过对文物经济价值与社会价值的评估，揭示文物所蕴藏的巨大价值、社会发展动力与区域软实力。本报告在国内外第一次把文物的保护利用与软实力理论结合，把文物定义为国家软实力、区域软实力与城乡软实力的核心资源，并系统地总结分析了文物的软实力理论、核心动力及核心价值理论及其评估体系。对文物的核心动力理论与核心价值理论及其评估体系的认识，关系到政府与社会各界对国家软实力、区域软实力与城乡软实力的重要性的认识。对文物的保护与利用，关系到中央构建国家软实力，各地政府构建区域软实力与城市软实力的效果。本报告提出了河南省区域软实力的建设与河南文物的保护与利用的关系，提出了河南文物的经济价值与社会价值的详细评估体系，以及河南省区域软实力建设与河南文物价值评估体系之间的关系，进一步提出了文物的可持续发展理论，从理论与实践上清楚认识文物的社会价值与经济价值，做好文物的科学保护与合理利用工作。

3. 实施中原经济区战略需要重新认识河南文物蕴藏的动力与价值

本课题选择河南省进行研究有三个原因：第一，在中华文明发展史中，地处中原的河南省是华夏文明的重要传承区，文化发展始终处于东亚文明的领先地位，因而拥有非常丰富的文物，有利于广泛、系统、深入地研究文物对区域经济社会发展的影响。第二，河南省是文物大省，拥有丰富的文物资源，文物行政部门在新中国成立60多年来的文物工作中创造了许多成功的文物保护模式，涌现出许多优秀的文物工作者，在文物保护与利用方面取得了显著成就，很多成功经验是课题组深入细致地学习与研究文物的核心价值、核心动力与软实力的基础。第三，河南省文物局近年来确立了建设文物强省的方针，深刻认识到文物在经济社会发展中的价值及其在经济社会转型中的动力，开展了一系列基础工作。在课题组的调查与研究过程中，河南省文物局从知识到经验都给予了大力的支持，这是本课题有可能取得突破的关键。

河南省“十二五”规划提出了构建“中原经济区”，发挥中原地区地理资源、文化资源、产业分工、交通枢纽的核心与桥梁作用。在当前全国区域经济版图上，“珠三角”、“长三角”、“环渤海”等“八大经济圈”已经先行启动，取得了举世瞩目的经济增长。而河南省在外向型经济发展中并没有优势。资料显示，2006年，河南的经济增长速度在中部位列第一，全国名列第八；2009年，河南的位次在中部掉到了第五，全国则已滑落至二十二位。在这种形势下，河南省建设“中原经济区”要想后来居上，就必须充分认清本地区的优势，发挥自己的资源禀赋，扬长避短，走出一条符合区域生态与人文要求的发展道路。要做到这一点，就要充分发掘和发挥本地的资源优势、核心优势。

裴李岗文化石磨盘、石磨棒（右图）
河南省郑州市西山遗址北门城台发掘现场（中间图）
河南省郑州市西山遗址出土彩陶罐（下图）

那么河南省文化资源的核心优势在哪里呢？河南省委与河南文化人士已经认识到了，在于中原地区悠久灿烂的文化资源。中华农业文明的传统文化及其沉淀下来的文物资源是中原经济区最重要、最显著的优势之一。在中国地域文化中，中原传统文化在南宋以前一直处于领先地位，在中华民族文化形成和发展过程中起着核心作用。与“东部沿海”、“东北振兴”和“西部大开发”不同，“中部崛起”具有独特的文化资源、文化环境和文化条件，更具有特殊的文化意义、社会意义和战略意义。

在《中共河南省委关于制定全省国民经济和社会发展第十二个五年规划的建议》中提出了“大力弘扬中原文化，深入挖掘、有效整合开发中原文化资源”的建议。河南省委书记卢展工指出：“中原要崛起，河南要振兴，必须首先突出河南的文化优势，发挥河南文化的作用。”省长郭庚茂在河南省十一届人大四次会议上所作的政府工作报告中，也将华夏历史文明传承核心区作为中原经济区建设的四个定位之一。

在河南省的文化资源中，文物是核心资源。在中华民族的发展过程中，地处华夏中心的河南省长期处于中华文明的政治、经济、军事、科技、教育、文艺与民俗发展的核心与领导地位，因而拥有更加丰富的文物资源。河南省的地下文物居全国第一位，地上文物居全国第二位。从时间上看，从距今八千年的裴李岗文化、距今六千年的仰韶文化，夏商周直至今天，历史悠久，连绵不绝。从空间上看，各类文物点分布广泛，全省各个市、县，各个乡、镇都有分布，同时又层次分明，沿黄河两岸的6个市，即三门峡、洛阳、郑州、开封、焦作和新乡最为集中，其次是豫北的安阳和豫南的南阳。从类型上看，河南文物可谓丰富多彩，有古遗址、古墓葬、古建筑、石窟石刻以及近现代建筑应有尽有。规格高，观赏性强。这些都是河南文化资源的核心优势。

在中原经济区的建设中，通过对文物的保护与利用，将河南文物资源的巨大价值发挥出来，使之转化成为河南经济社会发展的动力，培育软资源、软产业、软环境，建成不同于国内其他外向型与资源消耗型的经济板块，带动经济社会均衡发展，是建设资源节约型与环境友好型中原生态文明区的有效方式。

二、国内外研究综述

国内对文物本身的研究历史悠久，但对文物的经济价值与社会价值的研究，文化遗产对经济社会贡献的研究起步比较晚，起点比较低。

国务院发展研究中心、中国社会科学院、清华大学、西北大学、四川大学等许多学术机构与政府部门都做过极富探索性的研究与实践，对文物行政部门的工作大有裨益。但目前所有的研究多囿于纯西方经济学的角度，最前沿的是西方文化遗产经济学的理论与运算尝试。这些研究的理论起点、数据收集、数据运算、图表制作技术并不逊于西方同行，已经比较前沿，对我国政府部门挖掘与研究文物的经济价值亦有裨益。但经济学家仅把文物认作一种社会普通公共品时，其建立的文物价值理论体系必然把文物的经济价值估算模型与估算范围降到最低，仅限于文物直接引起的文物价值而不包括文物间接带动的价值。这样计算出来的结果，实际上必然远远低估了文物的真实经济价值。而从社会学的视角来研究与阐述文物的社会价值也是长期以来使用的一种方法，但这种方法流于空洞，缺乏量化指标，缺乏数据支撑。这两种最常使用的研究方法难以完全满足中国政府在经济社会发展战略转型期时全面研究与分析文物的经济价值与社会价值。

在文物社会价值与经济价值的研究方面，欧美日等国一直走在前列。原因很简单，一是得到政府与民间文化遗产保护意识的强有力支持，二是获得政府与民间机构持续的、雄厚的资金支持，三是拥有庞大的、优秀的科研机构与科研队伍。在这样的优越条件下，发达国家的科研学术机构不仅可以全面深入地研究本国、本地区的文化遗产，而且可以广泛地研究发展中国家的文化遗产，为传承与发展本国的文化资源，掌握文化的发言权，发展本国的国家软实力打下牢固的基础。早在1987年，欧盟已经意识到文化旅游对城市环境的影响，因此欧洲议会确立了一个庞大的文化研究项目，全称是“积极管理文化旅游对城市资源与经济的影响”，简称“PICTURE”。该项目的目标是制定一套可持续经营文化旅游的城市战略管理架构。2007年4月，英国诺丁汉大学学者里甘地在葡萄牙召开的“旅游经济学的进步”国际会议上发表题为“文化遗址的负荷量：用联合分析法评估文化旅游对欧洲中等城市的影响”的报告。报告中指出：“当前，旅游是欧洲最大的经济部门，21世纪，旅游将是欧洲最大的支柱产业，而且，未来文化旅游将是各类旅游中最重要的增长极。可持续发展的文化旅游战略，不仅能保持文化遗产内藏的地区文化传统，而且能支持经济发展。”①在对世界文化遗产社会价值的研究方面，发达国家的科研学术机构普遍采用显示性偏好（RP）方法与陈述性偏好（SP）方法，前者因存在比较多的缺点被后者逐步代替。陈述性偏好模式误差尺度较显示性偏好模式小，但并不显著。陈述性偏好模式的参数系数值可直接用于估计实际需求。后者主要有两种评估方法：条件估值法（CV）与选择模型法（CM）。②但因为其估算的价值也受到各种质疑，西方学者近10年来依然较少使用这两种方法。③而且，因为西方学者对这类估计数据应用于成本效益分析还持较大的怀疑，所以很少机构愿意使用这两种方法来做政策指导。④

综上，目前西方学者提出的分析方法与估值方法都存在一定程度的局限，但在没有更好的方法出现之前，目前只有使用条件估值法与选择模型法来分析与评估世界文化遗产的经济与社会价值。⑤

三、研究方法及结构安排

（一）研究方法

本课题组力图从国家发展战略的高度出发，提出文物的软实力理论及核心动力与核心价值，提出文物的可持续发展模式。课题组分4组，先后7次对河南省境内33个市、县进行了深入走访调研；运用了文

① Patrizia Riganti, Carrying capacity of cultural sites: using a conjoint analysis approach for the assessment of cultural tourism's impacts in medium sized European cities, International Conference ADVANCES IN TOURISM ECONOMICS, 13-14 April 2007, Vila Nova de Santo Andre', Portugal.

② Mazzanti M., 2003. Discrete choice models and valuation experiments: An application of cultural heritage, Journal of Economic Studies, Vol. 30 (6), 2003.

③ Schuster, M., Introduction, Journal of Cultural Economics, vol. 27, 2003, pp. 155-158.

④ Patrizia Riganti, Peter Nijkamp, Benefit transfers of cultural heritage values: How far can we go? p.3, 45TH CONGRESS OF THE EUROPEAN REGIONAL SCIENCE ASSOCIATION "Land Use and Water Management in a Sustainable Network Society", Vrije Universiteit Amsterdam, 23-27 August 2005.

⑤ Epstein, 2003.

物资源系统内部调研、政府部门调查、社会问卷调查、实证案例调查与国内外网络调查、文献调查为主的10种不同的调研方式，获取了有关河南文物资源的数百万字的文字资料、座谈录音、政府部门统计数据、社会调查数据、网络调查数据与文献资料，通过与省内各级政府部门、社会团体、教育机构、旅游及文物部门27场综合性座谈，在文物的经济价值、社会贡献及区域影响等研究领域获得了许多第一手资料。在调查的基础上掌握了河南文物的经济价值与社会价值数据与案例，经过反复研究论证、严格的统计运算与校正，建立了河南文物的社会学与经济学评估体系。

课题组认为，《软实力：河南文物与经济社会发展》是一个富有中国特色的课题，其中：（1）河南是中华民族文物最集中的区域，具有庞大的文物蕴藏量；（2）河南是中华民族农业文明的核心区域，历史上具有我国乃至世界罕见的生态多样性与文化多样性；（3）河南经济社会发展是中华民族五千年来历经无数艰难险阻，依然充满民族凝聚力与生命力的缩影。所以，本课题建立理论体系、数据体系与案例体系的根本方法必须：（1）结合河南历史上文物与经济社会发展的实情；（2）结合河南当前文物与经济社会发展的实情；（3）结合河南文物与民众生活与发展的实情。

为此，课题组确定了“立体调研、综合规划、模式创新”的方针。立体调研就是走出去采集数据，数据形态分为文献描述类、口述类、量化数据类、图片类、音频视频类等；数据采集方式分为政府统计部门索要、属地问卷、省内问卷、国内问卷、国际网络问卷、属地访谈座谈等。综合规划是参考当代西方前沿论证模式结合中国文物保护实际构建符合中国国情的文物价值评估体系。模式创新是课题组为自己树立的目标，就是要努力探索中国的文物保护、利用的相关标准。

（二）调查方法

本课题组在资料搜集过程中使用了7种资料搜集方法，既有定量搜集方法，又有定性搜集方法。具体如下：

（1）系统普查法：课题组制定河南文物工作情况调查表，通过河南文物局下发到各市县文物行政部门，获取了直接的、丰富的第一手数据资料。

文物培训基本情况

培训班数量（个）

	2005	2006	2007	2008	2009
理			1	1	1
理					
研					
全训					

文物科研经费

级别	申请时间
国家级课题	2008年12月
市厅级课题	2005年

表二十八（4）

所涉及文物或文化遗产名称	举办地点
济源市博物馆	济源城乡
洛阳周公庙博物馆	周公庙
南阳市博物馆	武侯祠（诸葛鞭
南阳市汉画馆	南阳市汉画馆
南阳市汉画馆	广东东莞
南阳市汉画馆	海南海口
南阳市博物馆	武侯祠（诸葛鞭春）
元宵灯谜节	南召县城

表十五

	发行数量（册）

（2）专业调查法：课题组设计与课题相关的主题，走访18个市县，与当地文物、文化、宗教、旅游、教育和社会团体等基层工作者和学者围绕主题进行深入详细的座谈，客观、真实地了解基层文物工

课题组与河南省郑州市文物局和渑池文广新局进行座谈

作者和相关部门干部对文物的认识。

（3）结构性访谈法：课题组制定明确的、详细的访谈提纲，对文物系统以外的部门（统计局、旅游局、发改委、工商局和建委等）进行访谈，获取文物系统之外与文物相关的资料，全面了解河南文物的经济价值。

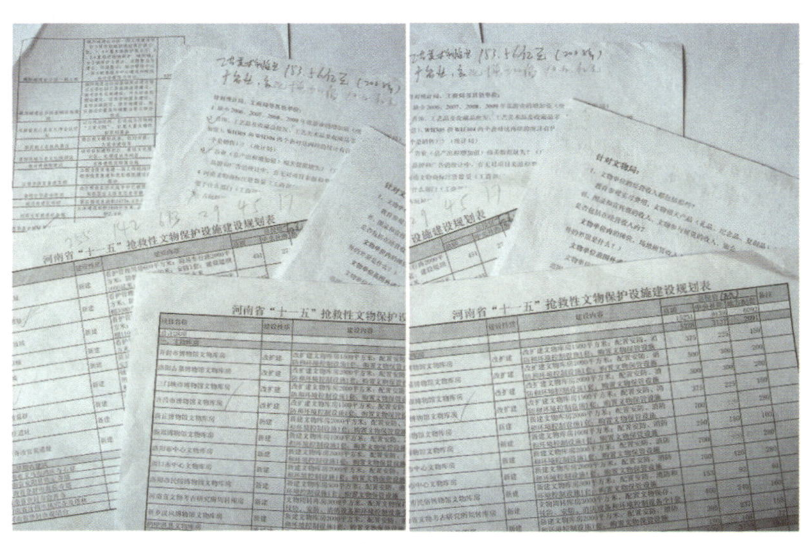

（4）参与式观察法：课题组成员在专业访谈、社会调查过程中对河南文物的保护、利用进行走访和观察，从而获得了大量感性、直观的第一手资料。

课题组对河南省遂平县与郏县进行调研

（5）问卷调查法：课题组制定了省内居民、景观游客、省外居民、网络调查四套社会问卷，组织课题组工作人员和志愿者进行实地问卷调查，获得了大量第一手资料。

课题组在河南省登封市嵩阳书院、洛阳龙门石窟和关林进行社会调查

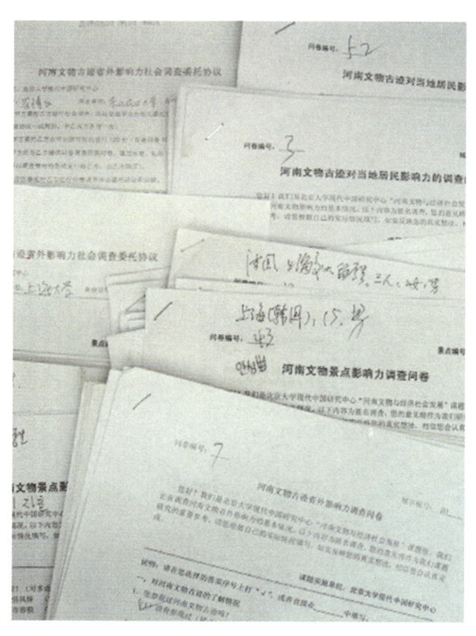
河南文物古迹对当地居民影响力的调查问卷

河南文物景点影响力调查问卷

河南文物古迹省外影响力调查问卷

《软实力：河南文物与经济社会发展》调查问卷

（6）案例分析法：课题组通过调查、访谈、观察获得了大量的典型案例，并且对其进行分类，使案例与理论、数据有机结合。

课题组对河南省郑州市大河村遗址及郏县广阔天地乡进行调研

（7）文献分析法：课题组对以往文物研究的文献进行了梳理，从而为该课题研究提供了理论基础和研究方向。同时搜集了与该课题相关的文字资料，对其整理，为课题的观点提供文献支持。

部分文献资料

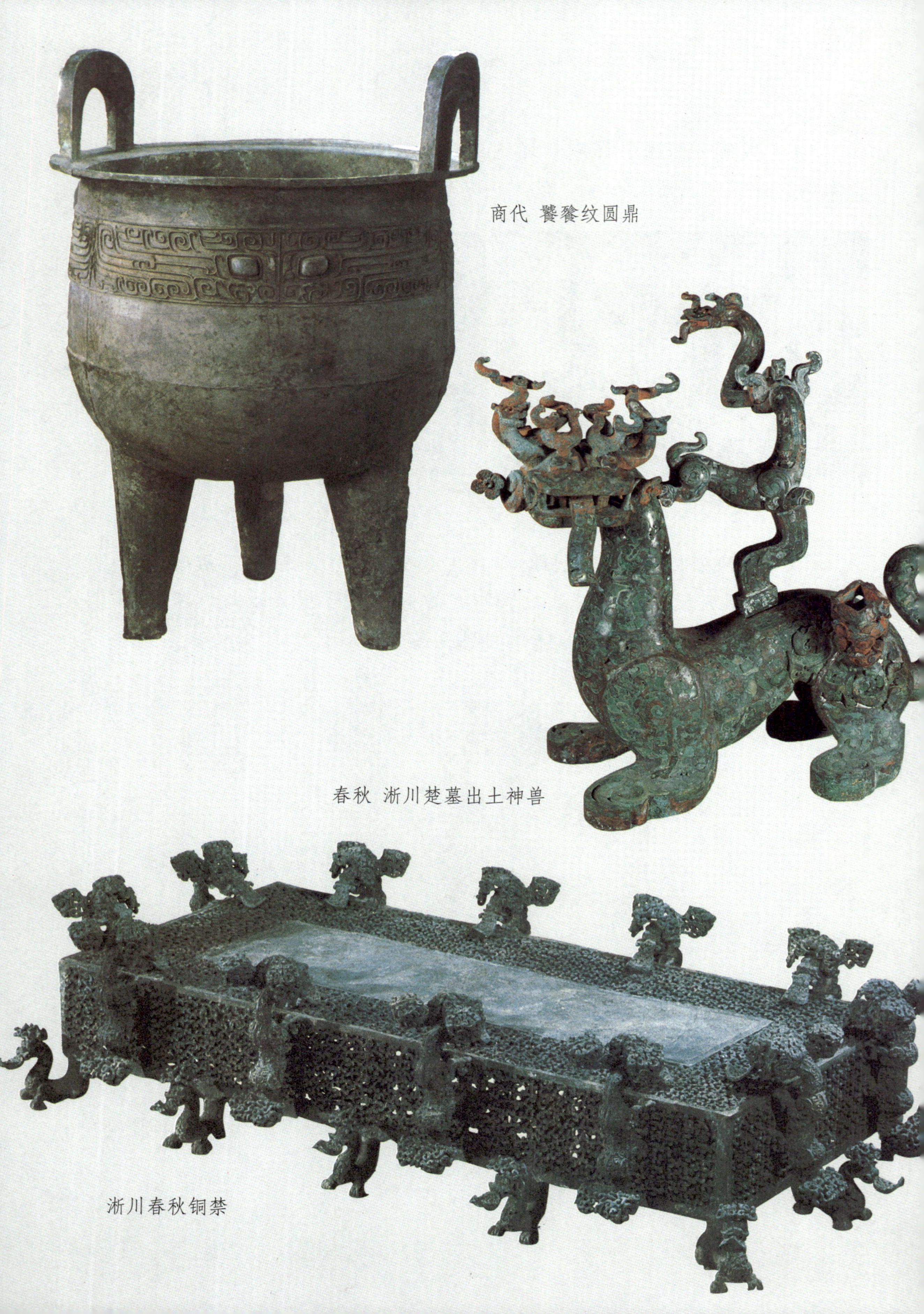

商代 饕餮纹圆鼎

春秋 淅川楚墓出土神兽

淅川春秋铜禁

第一章 文物软实力

春秋 莲鹤方壶

第一节 文物软实力：文物的核心动力

一、文物软实力理论

“软实力”概念诞生于20世纪80年代末期。所谓软实力，就是通过诉诸情感、理智和意识形态的方式，促使客体按照主体意愿行事的能力。概而言之，就是行为主体的精神动员能力——以精神为手段及直接对象的动员能力。

按照中国传统哲学思想，从当今时代国家实力的最新角度来研究，现代国家的“国家”内涵应该是：国家=物质总和+文化总和。一个国家的新概念是其所控制的国境线内与实际控制区内全部物质资源与物质产品的总和加上全部文化资源与时代文化的总和。对国际而言，国家的物质总和形成国家硬实力，而文化总和形成国家软实力。硬实力与软实力相互作用，相互促进，相互转化。硬实力作为基础力量为软实力提升提供手段和途径，软实力作为情感力量为硬实力提升提供理念和思路，软实力资源可以转换为构成硬实力的基础因素。

文化总和由文化资源与时代文化构成，一国文化实力的来源是一国的文化资源与时代文化。文化资源是一个民族国家历史进程中的文化积累，是一个民族国家的国民赖以认同身份与协调思想的精神资源，也称为传统文化，涵盖政治、经济、军事、科技、教育、文艺、民俗等7个领域。文化资源是时代文化的生成基础，是一个民族国家与多民族国家取之不尽、用之不竭的最珍贵的创造力、生命力与凝聚力资源，是一种可持续利用、积累与发展的最珍贵的传播力、感召力资源，是一个民族国家与多民族国家生生不息，在世界民族之林中立于不败之地的最珍贵的、最强大的力量源泉。文化资源的物

河南省洛阳市汉光武帝陵

河南省开封市山陕甘会馆木牌楼

河南省渑池八路军
渑池兵站旧址

河南省登封市告成镇观星台

河南省郑州市大河村
出土彩陶双联壶

河南省登封市嵩阳书院

河南省沁阳市王铎故居

质载体是物质文化遗产，文物便是物质文化遗产，是一个民族与一个国家文明史上各个历史时期物质资源与文化资源最富创新精神与最优资源配置的结合，是由当时最优秀的物质生产与时代文化结合创造出来的，经漫长历史岁月大浪淘沙而硕果仅存的优秀时代结晶。

国与国间的全球竞争必然要表现在物质实力与文化实力两个方面，运用物质实力进行竞争，就是运用国家硬实力进行竞争；运用文化实力进行竞争，就是运用国家软实力进行竞争。如果两者结合使用，就是把硬实力与软实力结合，这种竞争模式在中国的传统文化中称为“刚柔相推”或“刚柔并济”，①在美国，约瑟夫·奈称之为“巧实力”。②

国家软实力的核心内容是国家的文化实力，是国家在全球激烈的生存竞争环境中的创造力、生命力、凝聚力、传播力、感召力的表现。文化实力的物质载体是物质文化遗产与时代文化产品。世界各国提升本国的国家软实力时，都在挖掘与扩展本国文化遗产的经济与社会价值，充分保护、研究、传承、利用、传播本国的文化实力。

中国文物承载的传统文化，是国家软实力重要的资源。作为一种软实力资源，保护和利用文物，对外有助于塑造良好的国家形象，使中华民族的优秀思想与价值观在国际上广为流传，使世界人民认同我国的文化，继而提高我国领导世界文化思潮的能力；对内有助于提升民族创造力与生命力，凝聚与净化民族精神，引导经济社会进步，提高居民生活水平、生活理念与幸福指数。

二、文物的核心动力

文物的特点有两个，一是物质资源与文化资源的完美结合，二是漫长岁

① 《易·系辞下》：“刚柔相推，变在其中矣。”汉·王粲《为刘荆州与袁尚书》：“当唯义是务，唯国是康。何者？金木水火以刚柔相济，然后克得其与，能为民用。”

② Nye Jr., Joseph S. (2006-08-19). "In Mideast, the goal is 'smart power'". Boston Globe. http://www.boston.com/news/globe/editorial_opinion/oped/articles/2006/08/19/in_mideast_the_goal_is_smart_power/. Retrieved 2009-01-14.

月的结晶。在其生存、发展与变化过程中蕴藏着海量的文化模式信息，通过人们的深入研究与适度利用，对国家的社会发展产生6种动力，即：创造力、生命力、凝聚力、净化力、传播力与感召力。文物的文化动力公式是：

社会推动力(SDP) =

创造力(Pcr) ×（1－文物资源破坏程度）×动力比(a)

+生命力(Ppr) ×（1－文物资源破坏程度）×动力比(b)

+凝聚力(Pas) ×（1－文物资源破坏程度）×动力比(c)

+净化力(Ppu) ×（1－文物资源破坏程度）×动力比(d)

+传播力(Ppr)×（1－文物资源破坏程度）×动力比(e)

+感召力(Pco) ×（1－文物资源破坏程度）×动力比(f)

简化为数学公式是：

$$SDP=Pcr(1-D)a+Ppr(1-D)b+Pas(1-D)c+Pco(1-D)d+Ppr(1-D)e+Ppu(1-D)f$$

（1）文物的创造力是指文物蕴藏着启迪人们的新思想与新思潮，启发并鼓舞人们去发现与创造新事物的信息与动力。文物代表的创造力虽然是人类社会已经消逝在历史中的创造力，但它们代表的人类各种创造力思想源泉与创新方法论却是永恒的。正如联合国教科文组织与世界文化遗产委

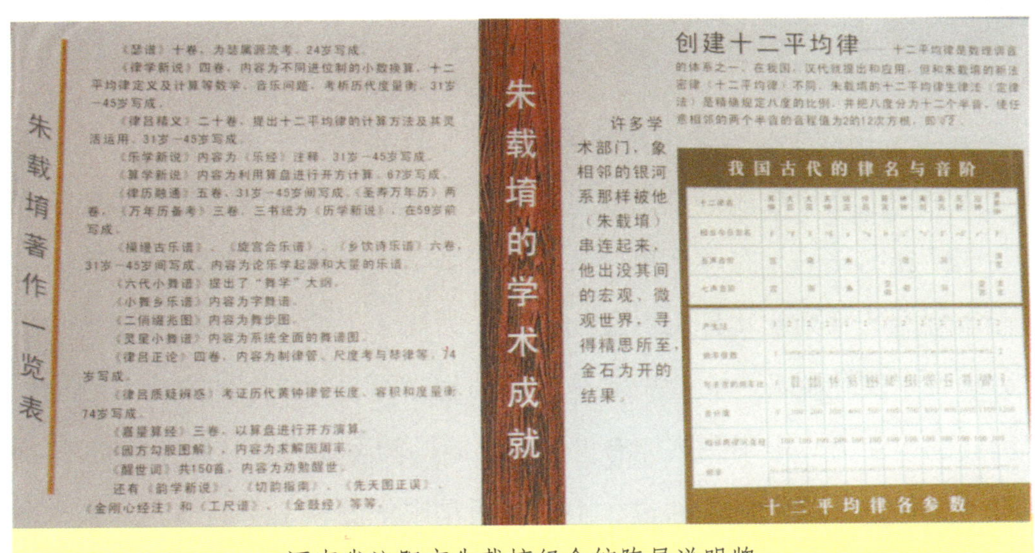

河南省沁阳市朱载堉纪念馆陈展说明牌

河南省沁阳市朱载堉纪念馆

员会对文化遗产的阐述，世界文化遗产代表人类独特的艺术成就，创造性的杰出典范，是地球上物质资源与文化资源中最优秀的代表。任何文化创造与创新都不是无源之水、无本之木。它们都需要传统文化的滋养，需要从传统文化中寻找素材与灵感。文物作为古老文明和传统民族文化的主要载体，必然会为当代的文化生产与文化创造提供取之不尽、用之不竭的丰厚矿藏和无限的可能。

（2）文物的生命力是指文物蕴藏着揭示民族繁衍生息的奥秘，激励人民继承祖先的生命意志而延续民族生命的动力。一部民族国家的文明史，必然是一部民族国家的生存斗争史；一个民族国家的文物，必然是这个民族国家生存斗争史的系列实物证据。文物的生命力代表了一个文明的生命力。文化实力来源于文化资源，文化资源是民族的生命力，其核心的文物自然也代表了民族的生命力。中华民族拥有世界公认第一的生命力，从距今9 000年前的裴李岗文化以来就没有中断过。中原文明是中华民族文明的核心，其生命力代表的正是中华民族的生命力。

河南省安阳市内黄县梁庄镇三杨庄遗址汉代农田遗迹

河南省商丘市
商丘古城城门楼

（3）文物的凝聚力是指文物蕴涵着激发一个民族的内部成员为当前的民族生存竞争与共同向往的美好未来而团结一致、努力奋斗的动力。这是因为文物代表一个民族的特有的文明模式，代表其物质资源、物质生产、文化资源与时代文化的发展模式，见证了一个民族的祖先共同经历过的过去，见证了其过去的文明发展状况。所以，文物代表了该民族特殊的与共同的身份标识，展示了该民族特殊的与共有的物质与文化特性。因为具有共同的身份标识，共同的民族文化特性才能形成。因为具有共同的文化特性，这个民族对内就有了自身的号召力与向心力。正如历史学家布克哈特在其名著《意大利

河南省偃师市二里头遗址出土绿松石龙（上）

河南省新郑市黄帝故里轩辕庙正殿（下）

文艺复兴时期的文化》中说：“罗马古城内外的遗迹不仅唤起考古的热情和爱国的感情，同时也唤起了一种哀愁或感伤的忧郁。”[①]参观各类文物常常能够激发本民族人民强烈的民族自豪感，增强民族自尊心和自信心。

（4）文物的净化力是指文物中蕴藏着揭示人类与自然、民族与民族、人与人和谐相处的丰富信息，拥有净化众生心灵，陶冶人们情操的动力。考古学家苏秉琦指出：“考古学应有能力回答重建人类与自然的协调关系”。[②]考古学能够通过文物来研究人类文明的发展史，了解人类与自然之间关系的发

① 【瑞士】雅各布·布克哈特：《意大利文艺复兴时期的文化》，何新译，马香雪校，汉译世界学术名著丛书，商务印书馆1979年7月第1版，第181页。

② 苏秉琦：《中国文明起源新探》，香港商务印书馆1997年版。

河南省三门峡市地坑院

河南省汝州市文庙大成殿

展史，从中得出哪些是良好的发展模式，哪些是恶劣的发展模式。文物蕴涵着极其丰富的历史、文化、艺术、民俗、宗教哲学、伦理道德的信息，产生的哲学思想与美学思想可以在人类精神的深层次给人以真、善、美的启迪、创造、享受与愉悦，不仅提供人类在物质世界中的创造力与享受度，而且提升与扩张人类的精神世界，陶冶人类的情操，净化人类的心灵，构造人类和谐社会。

（5）文物的传播力是指文物蕴藏着在不同时空中传播世界各民族文化的动力。文物是古代社会人类生产、生活状况的一个标志、缩影，是古代社会各种文化信息的载体，是现代人认识古代社会少而又少的直接信息渠道，也是一个民族在几千年的岁月中保存和延续自己文明与文化的重要物质媒介。中华民族的祖先通过大量器物和遗址向后世子孙详细地、全面地讲述着过去

汉代彩绘神兽多枝灯

的文化资源，后世子孙又一代一代地解读并传承着过去的文化资源。进入文明社会以来，文化传播、交流的规模越来越大、频率越来越高，影响力越来越强。强大的文明通过各种形式传播自己的文化，其中最重要的有语言、文字、书籍、日用品、艺术品、工艺品与工业品，这些传播形式在历史长河中形成了我们现在熟悉的物质与非物质文化遗产。强大的文明留下了无数的文物与非物质文化来影响本民族乃至外族的文化发展。当文物走出国门到海外巡展时，也将文化资源传播到当地。秦兵马俑在国外的展出，从1980年起，已遍及五大洲，达30多个国家和地区的70多个城市，观众人数超过2000万，有效地传播了中华文化。

（6）文物的感召力是指文物蕴藏着对人类的感化和召唤，使人们认同和追随某一种优势文化的动力。文物具有强大的文化感召力，这是一个由表及里、由浅入深的发展过程。文物是当时人类社会最先进的生产力，也就是

河南省安阳市庆祝殷墟申遗成功两周年

河南省洛阳市关林

最伟大的创造力的代表，所以必然对某一时期或多个时期的某一文化或多个文化产生巨大的感召力，从而对该时期与该文化中的各个方面产生巨大的影响。当人们为古代艺术珍品的风华绝伦而惊艳，为古代宏伟工程的雄浑壮丽而倾倒的时候，其中所蕴涵的精神气质、思维方式、生活方式，以及文化中所特有的伦理精髓和传统价值观也在不知不觉之中深入人心，得到了认同和接受，这种力量甚至能够影响他国人民的思想和行为，使这些国家自觉自愿地改善对该国的立场。作为数千年文明不断的国家，我国拥有的文物种类之繁多、内容之丰富，令世界艳羡。它们是中华民族历史发展的见证，是中华民族物质文明和精神文明的结晶，体现着中华民族形成和发展过程中凝结起来的思想感情。

由文物蕴藏的6种核心动力看到，文物作为人类文化物质载体的核心对人类社会发展产生过巨大而深远的作用。认识本民族文化资源与文化模式有两个作用：（1）不断加深认识与发掘本民族的传统文化价值体系，包括政治、经济、军事、科技、教育、文艺的文化价值；（2）传承有序，继往开来，不仅复兴民族文化资源体系，创造本民族的新的时代文化体系，而且向全球传播与推广本民族的文化资源与时代文化价值。

第二节 文物软实力：文物的核心价值

1982年11月19日全国人大常委会公布的《中华人民共和国文物保护法》第二条规定："在中华人民共和国境内，下列具有历史、艺术、科学价值的文物，受国家保护。"在2002年10月28日修订公布的《中华人民共和国文物保护法》中，仍然把文物具有历史、艺术、科学价值贯穿于全部条文之中。

"价值"这一哲学概念的内容主要是表达人类生活中的一种普通的关系，就是客体的存在、属性和变化对于主体人的意义。历史、艺术、科学三大价值高度概括了文物对人类文明的意义。

但是当我们需要从软实力的角度，就文物对经济、社会发展的推动作用做功能性的分析时，就必须在三大价值的基础上更进一步细化，否则就难以理清文物究竟是如何在我们的社会活动中发生作用和影响的。

从上节所述文物的6种动力出发，本课题组认为文物对经济、社会具有一系列值得我们珍视的价值，按照发生作用的领域，可以分为两大类：经济价值和社会价值。

文物的经济价值由文物部门业内的直接经济价值和对相关周边产业拉动而产生的间接经济价值组成；文物的社会价值是由政治价值、科技价值、教育价值、文艺价值、传播价值、感召价值组成。这些价值作为一个不可分割的整体存在于物质文化遗存之中，相互渗透，相互影响。经济价值越大，其创造的物质财富越大；社会价值越大，其创造的精神财富与社会发展动力越大，这是文物本身的当前经济价值与社会价值评估理论。这个经济价值与社会价值指标体系用数学公式可以显示为：

文物总价值

=经济价值 + 社会价值

= 直接经济价值+间接经济价值+直接社会价值+间接社会价值

=文物业价值+文物业外价值+政治价值+科技价值+教育价值+文艺价值+传播价值+感召价值

文物的直接经济价值是文物行政部门对文物进行保护与利用过程中通过经营管理直接产生的经济价值，从纵向来看，其中体现了文物的历史价值与考古价值，从横向来看，其中也体现了文物的直接与间接社会价值。

文物的间接经济价值是其他经济部门，如文化创意产业、文化产业、建筑产业、旅游产业等对文物的研究、利用产生出来的经济价值。从理论上来说，三次产业中的多数部门都可以通过研究文物，获取其中蕴藏的政治、经济、军事、科技、教育、文艺与民俗信息来创造间接经济价值。

文物的政治价值是指文物蕴藏着产生文物的各个历史时代的社会政治背景与政治价值观。人类政治生活始终受到一些价值取向的支配与制约，这些价值取向通过行为人的心理与行为渗透到实际生活之中，也深深地渗透到实际生活中的实用品与艺术品当中。后人通过研究文物来了解人类社会各个历史时期的政治价值观，可以回顾人类社会的政治发展史，检讨人类正确与错误的政治价值观。文物作为传统文化的物质载体，带有各个时代传统文化的深刻烙印，因而承载着各个时代道德价值观。因此，文物上承载的各个时代的道德风尚也是各个时代的政治价值观，从以上文物资源不仅可以看到各个时代道德风尚的演变，也可以看到各个时代政治价值观的演变，以及政治与道德的关系。

河南省汤阴县岳飞庙

河南省叶县县衙大堂

河南省卫辉市比干庙

文物的科技价值指的是文物可供今人进行科学与技术研究的价值。科学与技术两者伴随着人类的诞生而诞生，成长而成长。人类文明创造的一切，都受到当时科学技术水平的限制，超越当时生产力的产品是不可能的。文物从不同角度与侧面反映了当时人类的科学认知水平与技术加工能力，综合来说反映了当时的社会生产力水平，说明那个时代的社会政治、经济、军事、科技、教育与文艺各方面的综合水平。当前各国与未来世界从中吸取精华，在表现形式、手法技巧等方面学习、研究、借鉴、革新与创新，为国家、民

河南省登封市告成镇周公测景台

河南省武涉县千佛阁斗拱

族与人类社会提供取之不尽、用之不竭的创造力与生命力资源。“过去全球变化计划”、“全球环境变化的人类因素计划”、“人与生物圈计划”等众多国际性重大科研课题，也都需借助文物考古研究的理论、方法和成果。在当今世界的社会经济发展中，抢占科技高峰是世界各国最重要的发展战略，也是实行与完成经济社会发展模式良性转型至关重要的国家战略。对于像我国这类在近现代经过西方列强残酷破坏与掠夺，逐步失去了本民族优秀传统文化，失去了原生性与内生性创造力的发展中国家，重新认识本国、本民族文物的科技价值是复活本国、本民族的优秀传统文化，重新获得原生性与内生性的创造力、生命力、凝聚力，对外产生传播力与感召力的关键。

文物的教育价值是指文物作为一种不可替代的教育手段的价值。文物是历史的见证，它具有“百闻不如一见”的真实性，最有说服力、最有感染力。文物是任何民族国家最生动、最感性、最动人的教化工具，不仅能轻松地使民众直观地、深刻地了解本国的历史进程与文明水平，而且易于为人们接受和理解，能轻易地提升民众的公民自豪感与凝聚力，提升区域与国家的传播力、影响力与感召力。中原地区的文物不仅承载了中华民族发源地的文

河南省洛阳市二程故里道学堂

河南省郏县文庙大成殿

明，更拥有中华文明强大的教化功能，达到《礼记》提出的“故礼之教化也微，其止邪也於未形”的效果。中原文化资源与文物资源拥有全面的、强大的、健康的、较符合中华民族需求的政治道德教育功能，只要善加利用，必能大幅提高区域的政风、行风、教风、学风与民风水平。

文物的文艺价值是指文物具有审美、欣赏、愉悦(消遣)、借鉴以及美术史料等价值。其中包括宗教哲学、文学艺术、民俗风情与文化传播等四方面。受此四方面发展程度影响而产生的哲学思想与美学思想在人类精神的最深层次给人以真、善、美的启迪、创造、享受与愉悦，不仅提供人类在物质世界中的创造力与享受度，而且提升与扩张人类的精神世界，陶冶人类的情操，净化人类的心灵，构造人类和谐社会。当一个民族国家的文物的文艺价值得到良好的继承与发扬，这个民族国家的国民便会因为享有共同的历史文化进程而享有共同的哲学宗教、伦理道德、美学欣赏等价值观与民族精神，并产生明显的国家标识与强烈的民族认同，继而对未来产生强烈的、共同的向往。对未来的强烈的与共同的向往对内将产生强大的民族创造力、生命力与凝聚力，对外将产生强大的民族文化传播力和感召力。

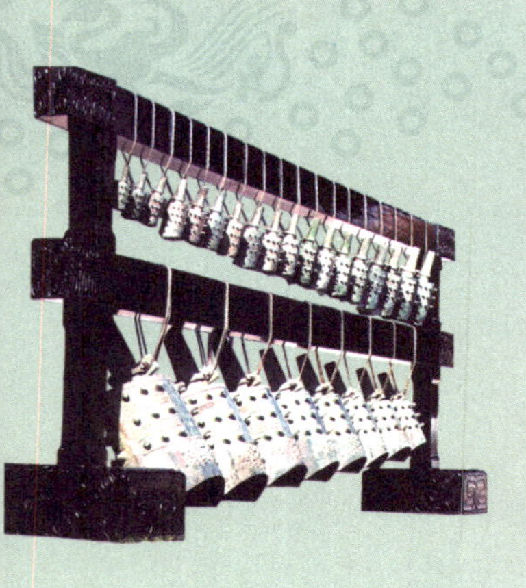

河南省登封市太室阙（左一）、洛阳市关林舞楼（右）、铜编钟（左二

文物的传播价值是指文物在不同时空中传播民族文化的价值。因为文物具有强大的传播力，作为一种浓缩的、直观的传统文化信息载体，可以穿越时空，将我们祖先的精神气质、文化修养、思想精华展现给今天的中国人，将灿烂辉煌的中华文化直观地宣传给外国观众。当中外游客徜徉各种古老建筑、文化遗址、历史博物馆之中时，中华民族几千年来所创造的精神财富，弥足珍贵的文化信息扑面而来；当可移动文物走出国门，在异国他乡巡展时，也意味着中华文明真切地展示在了另一个民族眼前，中国文化中的传统理念、伦理道德、价值观也随之被传播到了海外。文物在促进我国与世界各国的文化交流和友好关系方面发挥着积极的桥梁和纽带作用，具有现实意义。

河南省郑州市商代青铜器组合

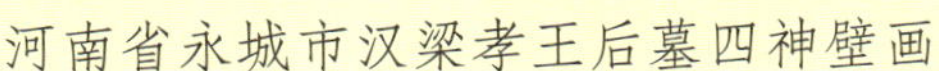

河南省永城市汉梁孝王后墓四神壁画

三彩骆驼

文物的感召价值是指文物对人的感化和召唤的价值，以及使人们认同和追随某一种文化的价值。文物蕴涵着中华民族传统文化的优秀基因，是中华民族文化的根和民族的魂。由于文物所具有的强大感召力，国内的人民群

众将会产生对中华文明的强烈自豪感和眷恋，继而焕发出强大的爱国主义情怀，更为紧密地凝聚在一起，自觉地为中华民族的发展和腾飞而积极动员起来。台港澳同胞、海外侨胞，也会在文物的感召之下，汇集到中华民族的大流当中，积极主动地为我国各项事业的发展出力献策。可以说，文物在维护民族的团结和国家的统一方面发挥着无可替代的纽带作用。文物不仅仅能够感召炎黄子孙，也能够赢得他国人民的尊敬和仰慕，使之对我国产生好感和认同，改善与我国的关系。

总之，本报告在国内外首次把文物定义为一种国家资源，定义为国家文化资源的核心资源，定义为国家软实力的核心资源。本报告提出：自然资源、文化资源与人才资源并列为国家三大战略资源，一个是硬实力资源，一个是软实力资源，一个是沟通软硬两种实力的资源。从人类走过的历程与未来的趋势来看，国家自然资源是民族国家在世界民族之林中生存斗争与发展竞争全部国家硬实力的基础，国家文化资源是民族国家在文明生存斗争与发展竞争过程中所有国家软实力的源泉，而国家人才资源是把国家硬实力及国家软实力两者连接起来的唯一桥梁。

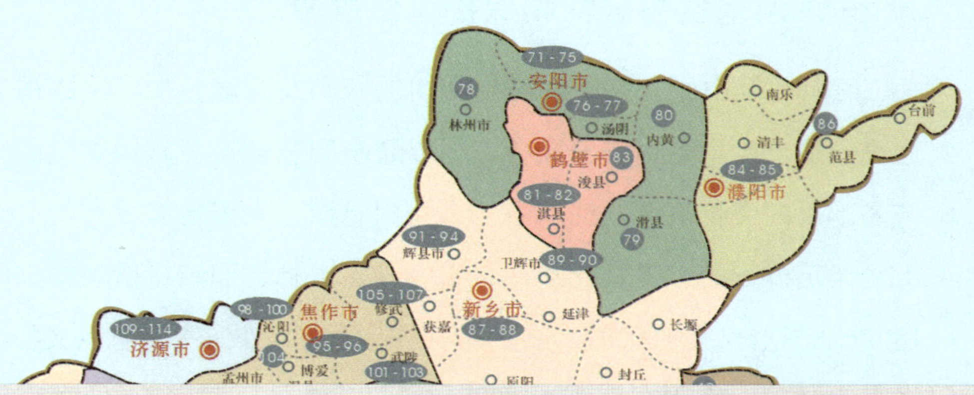

第二章　河南文物的存量分析

第一节　河南文物的存量

一、河南省各级文物保护单位数量

河南地处中原，是中华民族文明的核心发源地。中华民族祖先很早就在这块土地上生息繁衍、辛勤劳作，以超卓智慧创造了辉煌灿烂的文化，留下许多珍贵的文物资源。河南省拥有龙门石窟、安阳殷墟、登封“天地之中”历史建筑群三处世界文化遗产；白马寺、关林、仰韶村遗址、大河村遗址等189处全国重点文物保护单位；嵩阳书院等1047处河南省重点文物保护单位；洛阳、开封、安阳、南阳、商丘、郑州、浚县、濮阳等8处中国历史文化名城；神垕镇、荆紫关镇、赊店镇、古荥镇、竹沟镇、冢头镇、朱仙镇、临沣寨、张店村等9处中国历史文化名镇（村）（见表2-1-1）。如此规模宏大的文物资源体系，是中华民族核心文化体系的物质载体，更是河南辉煌历史的实物见证。到目前为止，河南省的世界文化遗产有3个，排全国第二位，其全国重点文物资源保护单位有189处，排全国第二位，其中国历史文化名城有8座，排全国第一位，出土文物资源的数量162万件，占全国的文物资源近三分之一，这也充分证明了河南省内文化遗产的规模、数量与质量在我国的核心位置。

表2-1-1：河南各级文物保护单位数量

保护级别	数量（处）
世界文化遗产	3
全国重点文物保护单位	189
河南省文物保护单位	1047
中国历史文化名城	8
中国历史文化名镇（村）	9

资料来源：河南文物局。

河南省开封城墙大梁门

河南省荆紫关镇平浪宫

河南省羑里城演易坊

河南省朱仙镇清真寺牌楼及山门

二、河南省博物馆数量

河南省拥有博物馆的数量呈逐年增加的趋势，从2006年的79家增加到2009年的103家（见表2–1–2）。2008年河南博物院、郑州博物馆、洛阳博物馆和南阳汉画馆四家博物馆被评为首批一级博物馆。2009年国家文物局公布了首批获得国家二、三级称号的博物馆名单，河南省26家博物馆榜上有名。其中获得二级博物馆称号的有8家博物馆，分别为开封市博物馆、洛阳古代艺术馆、洛阳周王城天子驾六博物馆、鹤壁市博物馆、三门峡市虢国博物

中国文字博物馆（左一）
虢国博物馆（右一）
黄河博物馆（左二）

馆、内乡县衙博物馆、新县鄂豫皖苏区首府革命博物馆、新安县千唐志斋博物馆。

表2-1-2：河南省博物馆数量

年份	数量
2006	79
2007	82
2008	95
2009	103

数据来源：《河南文物业统计资料》（2006-2009）。

最近几年河南省博物馆事业发展较快，一大批博物馆正在建成。河南博物院的“三贴近”试点工作得到了肯定，陈列展览等功能得到了全面提升。河南省财政也筹措资金对博物馆、纪念馆免费开放给予运营补贴和陈列布展补助。截至2010年底，河南省博物馆、纪念馆全部实现免费开放，全年接待观众1 000多万人次。其中，2011年春节七天长假里，河南博物院、郑州市博物馆等文博场馆人气高涨，接待总量超过6万人次。

三、河南省十大考古发现数量

从1990年开始，国家文物局委托中国文物报社和中国考古学会举行每个年度的全国十大考古发现评选，这个活动对全国的文物保护工作和考古学研究起到了很好的作用。从1990年到2009年的20年里，河南省共有36项考古发现入选，占20年总数（200项）的17.5%。除了1993年、2002年之外，在其他18年里，每年都有考古发现入选。2007年，许昌灵井旧石器遗址、荥阳关帝庙遗址、新郑唐户遗址、洛阳偃师东汉帝陵与洛阳邙山墓群、安阳固岸墓地等考古发现同时入选当年全国十大考古发现，占当年总数的50%（见表2–1–3）。

表2–1–3：河南省十大考古发现数量

年份	数量	占总数的比例
总计（1990–2009）	35	17.5%
1990	3	30%
1991	3	30%
1992	2	20%
1993	0	0%
1994	3	30%

（续表）

年份	数量	占总数的比例
1995	2	20%
1996	2	20%
1997	1	10%
1998	1	10%
1999	1	10%
2000	2	20%
2001	1	10%
2002	0	0%
2003	1	10%
2004	1	10%
2005	2	20%
2006	1	10%
2007	5	50%
2008	2	20%
2009	3	30%

数据来源：国家文物局。

四、河南文物藏品数量

文物藏品是河南文物资源的重要组成部分。河南省2006—2009年各级别文物资源藏品数量逐年增加，从2006年的1 435 495件增加到2009年的1 744 709件（见表1–1–4）。河南丰富的文物藏品屡次代表中国参加国外展览，获得一致好评。例如，2010年7月5日，181件来自河南的文物资源精品先后在日本东京国立博物馆、九州国立博物馆与奈良国立博物馆展出。这些文物藏品的展出，促进了中国对外文化交流，提高了我国的文化传播力与影响力，提升了我国的国家软实力与河南的区域软实力。

表2-1-4：河南文物资源藏品数量

年份	一级品（件）	二级品（件）	三级品（件）	总数（件）
2006	2020	15592	215371	1435495
2007	2396	15745	218001	1589814
2008	2437	16137	219457	1618398
2009	2472	16136	220045	1744709

资料来源：《河南文物业统计资料》（2006–2009）。

河南省登封市王城岗及阳城遗址（左一）
河南省洛阳市汉魏洛阳故城（右一）
隋唐洛阳城遗址（左二）

第二节　河南文物存量在全国的位置

一、河南省世界文化遗产数量在全国的位置

截至2010年8月，中国已有40处自然和文化遗产列入《世界遗产名录》，其中文化遗产25处、文化景观3处、文化和自然双重遗产4处、自然遗产8处。表2–2–1中的世界文化遗产数量包括文化遗产数量、文化景观数量和文化和自然双重遗产数量。

河南省目前拥有三处世界文化遗产，2000年11月洛阳龙门石窟申遗成功，2006年7月安阳殷墟入选《世界遗产名录》，2010年登封“天地之中”历史建筑群成为世界文化遗产。尽管河南省拥有三处世界文化遗产，落后于北京，位于第二位，但是河南省三处世界文化遗产是独立的，不存在与其他省的交叉。而北京的长城、故宫和明十三陵是与其他省份的文化遗产联合申报的。

河南省洛阳龙门石窟

河南省登封市中岳庙山门（右一）
河南省安阳市殷墟（左一）

表2-2-1：中国世界文化遗产分布

省份	数量（处）	世界文化遗产名称	备注
北京	6	周口店北京人遗址、长城、北京故宫、天坛、颐和园、明十三陵	北京故宫和沈阳故宫构成明清皇宫文化遗产；明十三陵是世界文化遗产明清皇家陵寝的一部分
河南	3	龙门石窟、安阳殷墟、登封“天地之中”历史建筑群	
山西	3	平遥古城、云冈石窟、五台山	五台山为文化景观
辽宁	3	九门口长城、沈阳故宫、盛京三陵	九门口长城是世界文化遗产长城的一部分、沈阳故宫是世界文化遗产明清皇宫的一部分，盛京三陵是世界文化遗产明清皇家陵寝的一部分
河北	2	承德避暑山庄及周围寺庙、清东陵与清西陵	清东陵与清西陵是世界文化遗产明清皇家陵寝的一部分

（续表）

省份	数量（处）	世界文化遗产名称	备注
湖北	2	湖北武当山古建筑群、明显陵	明显陵是世界文化遗产明清皇家陵寝的一部分
山东	2	泰山、曲阜的孔庙、孔府及孔林	泰山是文化与自然双重遗产
福建	2	武夷山、福建土楼	武夷山是文化与自然双重遗产
四川	2	四川峨眉山——乐山风景名胜区、四川青城山和都江堰	四川峨眉山——乐山风景名胜区是文化与自然双重遗产
安徽	2	黄山、皖南古村落	黄山是文化与自然双重遗产
江苏	2	苏州古典园林、明孝陵	明孝陵是世界文化遗产明清皇家陵寝的一部分
甘肃	1	敦煌莫高窟	
陕西	1	秦始皇陵及兵马俑	
西藏	1	布达拉宫	
江西	1	江西庐山风景名胜区	江西庐山风景名胜区是文化景观
云南	1	丽江古城	
重庆	1	大足石刻	
吉林	1	高句丽王城、王陵及贵族墓葬	
澳门	1	澳门历史城区	
广东	1	开平碉楼与古村落	

资料来源：联合国教科文组织世界遗产委员会，时间截止到2010年8月。

二、河南省全国重点文物保护单位在全国的数量

全国重点文物保护单位是我国对不可移动文物所核定的最高保护级别。截止到2010年，我国公布了六批全国重点文物保护单位共2 351处。其中，河南省全国重点文物保护单位数量为189处，位居全国第二（见表1-1-2、图1-2-1）。

河南省作为文物资源大省，全国重点文物保护单位数量多、质量优、价值高，反映了中华文明核心地区的发展轨迹，是五千年中华农业文明的缩影。全国重点文物保护单位在我国社会主义现代化建设中发挥着越来越大的作用，是建设社会主义先进文化、构建和谐社会的宝贵财富。保护好这些文物资源，可以弘扬民族优秀传统文化，为经济社会转型与现代化建设提供强有力的思想保证、智慧支持与精神动力。

表2-2-2：全国重点文物保护单位各省分布

省份	数量（处）
山西	270
河南	189
河北	163
陕西	138
浙江	130
四川	127
江苏	119
北京	98
山东	95
湖北	91
福建	85
内蒙古	77
云南	76
甘肃	71
广东	66
湖南	60
新疆	58
安徽	56
辽宁	52
江西	51
广西	42
贵州	39
西藏	35

（续表）

省份	数量（处）
吉林	33
黑龙江	23
重庆	20
上海	19
青海	18
宁夏	18
天津	14
海南	14

资料来源：国家文物局，时间截止到2009年。

图2-2-1：全国重点文物保护单位前十位的省份

省份	数量（处）
山西	270
河南	189
河北	163
陕西	138
浙江	130
四川	127
江苏	119
北京	98
山东	95
湖北	91

资料来源：国家文物局，时间截止到2009年。

三、河南省中国历史文化名城数量在全国的位置

历史文化名城规模宏大，比一般文物保护单位蕴藏着更丰富、更鲜活的历史信息，因为历史文化名城更完整、更系统、更生动地展现了城市发展历史进程，不仅具有有形的文物资源，还具有无形的非物质文化遗产。河南省

拥有8座历史文化名城，位于全国第二位（见表2-2-3、图2-2-3）。在中华五千年的农业文明历程中，河南从中华民族迈入国家门槛至北宋王朝一直是全国政治、经济与文化中心，中原大地上数千年来耸立起的著名城市、乡镇数之不尽。

表2-2-3：中国历史文化名城分布

省份	数量（座）
江苏	10
河南	8
浙江	7
四川	7
山东	7
广东	7
陕西	6
山西	6
安徽	6
云南	5
湖北	5
河北	5
甘肃	4
福建	4
新疆	3
西藏	3
江西	3
湖南	3
广西	3
吉林	2
海南	2
贵州	2
北京	1

（续表）

省份	数量（处）
重庆	1
天津	1
上海	1
青海	1
宁夏	1
内蒙古	1
辽宁	1
黑龙江	1

资料来源：国务院最新公布数据，时间截止到2011年3月14日。

图2-2-2：中国历史文化名城数量前六位的省份

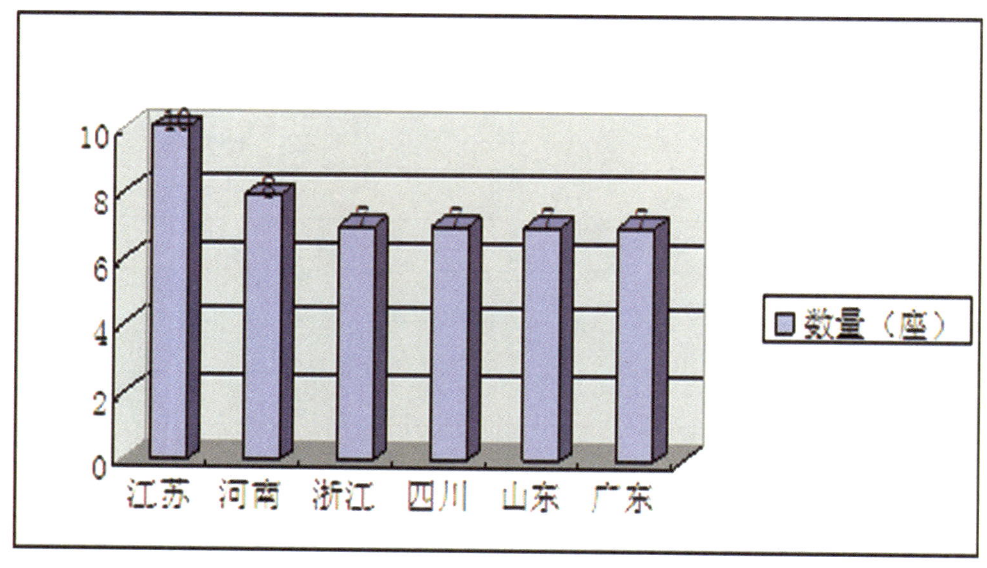

资料来源：国务院最新公布数据，截止到2011年3月17日。

四、河南文物系统博物馆数量在全国的位置

2009年全国文物系统博物馆数量共有2 252个，河南省为103个，位于全国第六位（见表2-2-4）。博物馆是作为征集、典藏、陈列和研究人类遗产的重要场所，是一个地区文物存量的重要衡量指标，也是一个地区文化遗产

事业的重要组成部分。博物馆还是为公众提供知识、教育和欣赏的文化教育机构，因此我们要构建以人为本的博物馆公共服务体系。

表2-2-4：2009年全国文物系统博物馆数量分布

省份	数量（个）
江苏	182
广东	160
湖北	116
云南	113
山东	111
江西	103
河南	103
陕西	101
浙江	100
福建	93
甘肃	91
四川	89
山西	86
湖南	75
吉林	71
黑龙江	71
安徽	68
河北	64
新疆	63
广西	62
辽宁	61
贵州	53
内蒙古	46
北京	40

（续表）

省份	数量（个）
重庆	37
上海	29
天津	18
青海	18
海南	15
宁夏	6
西藏	2

资料来源：《全国文物业统计资料》（2009年）。

图2-2-3：2009年博物馆数量前八位的省份

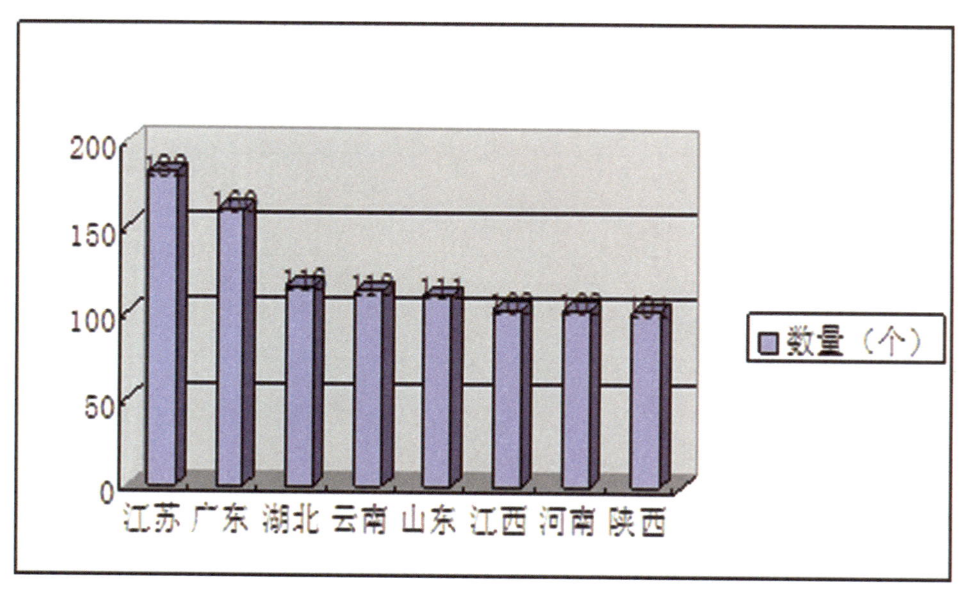

资料来源：《全国文物业统计资料》（2009年）。

五、河南文物藏品数量在全国的位置

2009年全国文物业藏品数量为27 108 391件，河南文物藏品数量为1 744 709件，占全国总数的6.44%，位于全国第三位，仅次于北京和江苏。各地区文物藏品数量来源范围包括各地区的文物科研机构、考古保护管理机构、博物馆、文物商店和其他文物机构。各地区的文物藏品数量包括一级藏品、二级藏品和三级藏品的数量。

表2-2-5：2009年各地区文物业藏品数量分布

省份	数量（件）
北京	3731567
江苏	2290390
河南	1744709
上海	1445473
山东	1396215
广东	1157448
湖北	1149587
天津	955282
陕西	937288
四川	894390
浙江	882154
湖南	834156
山西	802477
重庆	760449
安徽	733537
辽宁	709835
河北	549484
甘肃	547705
江西	546505
福建	453309
云南	430699
内蒙古	424424
吉林	327628
广西	324733
黑龙江	208946

（续表）

省份	数量（件）
青海	187116
新疆	151416
西藏	119608
贵州	117051
宁夏	83813
海南	48679

资料来源：《全国文物业统计资料》（2009年）。

河南省安阳市殷墟妇好墓出土鸮尊

河南省偃师市二里头出土夏代乳钉纹铜爵

第三节　河南省大遗址保护和南水北调文物保护成果

一、河南的大遗址保护

“大遗址”主要包括反映古代历史各个发展阶段涉及政治、宗教、军事、科技、工业、农业、建筑、交通、水利等方面历史文化信息，具有规模宏大、价值重大、影响深远的大型聚落、城址、公室、陵寝、墓葬等遗址、遗址群。在我国数十万处不可移动文物中，大遗址占据了相当大的数量。大遗址承载着丰富的历史信息和文化内涵，是中国五千多年灿烂文明史的主体和典型代表，不仅具有深厚的科学与文化底蕴，同时也是极具特色的环境景观和旅游资源，在建设社会主义政治文明、物质文明和精神文明，向世界展示悠久的中华传统文化，促进大遗址所在地社会经济文化发展等方面发挥着重要作用。①

当前，我国大遗址保护形势较为严峻。随着社会经济的高速发展，国家进一步加大了基础设施建设投入，高速铁路、公路、大型水库等建设项目纷纷上马，新农村建设、城市化进程不断加快，使得大遗址特别是城市中和城乡结合部的大遗址受到空前威胁，遗址本体和周边环境被蚕食和破坏的速度加快，迫切需要采取有效措施加大保护力度。②针对目前的形势，国家设立了大遗址保护专项资金，确定了“十一五”期间含有100处重要大遗址的大遗址保护项目库。在100处大遗址保护项目库中，河南省有14处，分别是郑州商城遗址、新郑郑韩古城、新密古城寨遗址、巩义宋陵、巩义窑址、偃师二里头遗址、偃师商城遗址、汉魏洛阳古城、隋唐洛阳城遗址、洛阳邙山陵墓群、安阳殷墟、内黄三杨庄遗址、宝丰清凉寺汝官窑遗址、灵宝北阳平遗址群。另有长城、大运河2个项目也涉及河南省，所以就占总数来说，河南省居全国第一（见表3–3–1）。

表3–3–1：“十一五”期间大遗址保护项目库的100处重要大遗址分布

省份	数量（处）
河南	14
陕西	13
河北	6
山东	6
湖北	5
山西	4
内蒙古	4
浙江	4

① 国家文物局、财政部：《关于印发“十一五”期间大遗址保护总体规划的通知》。
② 国家文物局文物保护与考古司：《从大遗址保护到国家考古遗址公园建设》。

（续表）

省份	数量（件）
四川	4
北京	3
辽宁	3
福建	3
江西	3
湖南	3
跨地区	3
黑龙江	2
吉林	2
江苏	2
安徽	2
广西	2
云南	2
西藏	2
甘肃	2
宁夏	2
青海	2
广东	1
新疆	1

数据来源：《关于印发“十一五”期间大遗址保护总体规划的通知》。

河南省为了确保大遗址保护利用工作科学进行，编制了高水平的大遗址总体保护规划，文物部门与省内外科研单位和高校通力合作，积极推进大遗址总体保护规划和专项保护展示方案编制工作。截止到2009年10月，在重点保护的14处大遗址中，已完成总体规划11部，其中偃师二里头遗址、偃师商城遗址、郑州商城遗址等7部规划获国家文物局批准。同时，完成专项保护展示方案23个，其中汉魏洛阳古城阊阖门遗址、隋唐洛阳城天堂遗址等12个方案获国家文物局批准。另外，安阳市大力加强殷墟保护，整治美化周边环境，将殷墟这一世界文化遗产建成了集保护和展示于一体的殷墟大遗址公园，为全国大遗址保护探索了新经验。郑州商城西、南城垣遗址保护展示工程已全面启动，它将彻底改变郑州商城西南、东南城墙周边的形象，同时改善当地居民的生活条件。内黄县三杨庄遗址保护展示工程进展顺利，其二号庭院建筑基址保护大棚已经完工，并作为三杨庄遗址博物馆对外试开放。巩义宋陵、宝丰清凉寺汝官窑遗址、灵宝北阳平遗址群等大遗址的保护展示也取得了积极进展。①

案例：洛阳是河南省乃至全国大遗址保护工作的重中之重，洛阳地区与西安地区、丝绸之路边疆段一起列入《"十一五"期间大遗址保护总体规划》的三大重点片区。洛阳片区大遗址保护经历了50年的探索和实践，在城市规划、项目建设中充分考虑大遗址保护、环境治理，在城市规划和空间布局领域，洛阳大遗址保护在全国具有指导意义和示范作用。

在城市规划中，洛阳在努力谋求城市发展的新模式。20世纪50年代，洛阳就创立了"远离旧城建新城"的洛阳模式，避开"金元旧城、东周王城和隋唐洛阳城"三大遗址，在涧西地下遗迹分布少的区域，规划工业区，虽然有其历史局限性，但也是有益的尝试，曾一度在全国范围推广；20世纪80年代，洛阳率先实施建设项目必须先期进行文物钻探和考古发掘，文物部门同意方可开工建设的"洛阳方式"；在洛阳第三期城市规划中，充分考虑北部邙山陵墓群、东侧汉魏故城遗址的保护，避开隋唐城里坊区建设新区，把市中心22万平方公里的里坊区遗址作为非建设用地。当前，洛阳市正在编制的第四期城市总体规划，将洛阳定位为国家级历史文化名城、省域副中心城市、著名旅游城市、先进制造业基地。四期总体规划避开北部的邙山陵墓群和东部的汉魏故城，跨越伊河，向伊河南岸发展，有效解决了大遗址保护和城市发展空间不足的问题，形成了洛阳特有的城市规划形态和布局。

① 《大遗址保护，河南快马加鞭正当时》，《河南工人报》，2009年10月28日。

二、河南省南水北调文物保护

南水北调工程是为优化我国水资源配置、缓解北方地区严重缺水问题、保障我国经济社会全面协调和可持续发展而实施的一项具有重大战略意义的特大型工程，是直接关系到国家经济发展和人民生活水平提高的基本建设项目。南水北调东、中线工程穿越中国古代文化、文明的核心地区，涉及文物点多面广，价值重大，保护任务十分艰巨。南水北调中线工程包括水源地丹江口库区和总干渠两部分。丹江口水库总淹没面积370平方公里，河南省境内170平方公里。总干渠全长1 276公里，其中河南境内731公里，从南阳盆地途经豫中地区，沿太行山东麓北行，流经南阳、郑州等8个省辖市32个县(市、区)。因此，南水北调中线工程纵贯了古代中原地区的核心区域，在中原大地形成了一条融汇各个历史发展时期辉煌的古代文化长廊。

作为南水北调文物抢救保护的主战场，河南文物保护工作繁重。南水北调中线工程涉及河南文物点330处，需要考古发掘和搬迁的文物点296处，占南水北调工程东、中线文物保护工作总量的三分之一以上，占中线宫城文物保护工作总量的一半以上，是南水北调工程文物保护任务最重的省份。截止到2010年7月，河南已完成150多个项目的考古发掘工作，发现了裴李岗文化、仰韶文化、龙山文化和夏、商、周、秦、汉、魏晋南北朝、隋、唐、宋、元、明、清等各个时期的大量古代文化遗迹。其中鹤壁刘庄、安阳固岸、荥阳关帝庙、新郑唐户、新郑胡庄、荥阳娘娘寨6个遗址当选年度全国十大考古新发现。它们与其他重要“首次发现”一起，为破解诸多中国历史之谜提供了难得一见的珍贵资料。另外，还出土文物5万多件，许多文物具有重要历史价值和艺术价值。

面对如此繁重的文物保护任务，2005年河南省政府批准河南文物局成立南水北调文物保护办公室，根据规划组织和协调文物保护研究单位对文物保护项目进行考古发掘和相关保护等工作。对于文物保护项目，根据文物点的保护级别实行不同的保护方式，大部分地下文物点进行考古发掘，其余登记建档。制定了《河南省南水北调中线工程文物保护工作暂行管理办法》等多项规定，为做好南水北调中线工程中的文物保护抢救工作提供了重要保障，也使管理工作更加科学规范。

河南省郑州市商城北大街宫殿遗址（左一）、河南省洛阳市汉魏洛阳城城墙遗址（右一）、河南省洛阳市隋唐洛阳城定鼎门遗址（左二）、河南省禹州市宝丰清凉寺汝官窑遗址（右二）

河南省商丘古城

第三章 河南文物的经济价值

第一节 文物的经济价值理论

一、文物经济价值评估的理论基础

文物包括可移动文物与不可移动文物，对于前者，《中华人民共和国文物保护法》明确规定禁止文物买卖，对于后者，如古建筑、古遗址、古墓葬、石窟寺等不可移动文物的价值更是难以测算，也无法测算。更深一层，从经济价值来看，文物不属于当代市场上的任何类型的文化商品，也不是当代市场上任何类型的商品，因为文物的价值不是当代人的劳动投入的体现，也不是某一个时代劳动价值的体现，而是经历百年、千年，甚至万年时间跨度的漫长历史沉淀积累下来的无数重劳动价值及历史价值的体现，由于年代渺渺、历史尘封，其真实经济价值无法估量。更深一层，从社会价值来看，文物蕴藏的丰富信息涵盖了政治、经济、军事、科技、教育、文艺等领域的历史智慧与实证经验，只有研究透彻、合理利用，对任何国家的三次产业都将产生巨大的推动力。

衡量单个文物的价值比较困难，但可以将一个国家或一个区域的文物看成一个整体，把与整体相关的所有科研、开发、利用、生产、经营等活动为国民经济做出了的贡献作为衡量文物经济价值的标准。其中，最明显的是文物系统内部对文物的所有投入、经营与产出而实现的直接经济价值，以及对区域及国民经济的直接贡献，然而这是文物最表层的价值，其计算公式是：（文物的）经济价值直接价值=经济价值文物业（Value直接价值=Value文物业）。除此，在文物系统之外，文物对整个国民经济中的三次产业，第一产业农业、第二产业工业与第三产业服务业，当前尤其是第二产业中的建筑业及第三产业中的旅游业、文化产业的拉动作用十分巨大，这是文物透过建筑业、旅游业及文化产业实现的间接经济价值，以及对区域及国民经济的间接贡献，计算公式是：（文物的）经济价值间接价值=经济价值行业外（Value

间接价值=Value行业外）。因此，应该结合两方面的经济价值综合研究及计算文物当前实现的真实经济价值：（文物的）经济价值=经济价值直接+经济价值间接间接=经济价值文物业+经济价值行业外（cultural heritage value = direct value + indirect value, value ch=V d+ V ind=V文物业 +V行业外）。

针对文物经济价值的复杂性与多元性，本课题组提出了因为文物的存在而产生经济价值的测算理念，跳出了狭窄的文物系统，涉及到国民经济的众多产业部门，从而使文物当前实现的真实经济价值得到相对真实的测算与衡量。本课题组把河南文物对河南省当前经济发展产生的直接与间接经济价值，对当前国民经济的贡献进行细致的量化，使河南文物当前实现的经济价值更加清晰准确。

文物蕴藏的海量历史信息涉及当今国民经济的三次产业（参考下图）。首先，文物与第一产业中的种、林、牧、副、渔都息息相关。我国是世界历史最悠久的农业文明，文物中隐藏的传统农业、绿色农业及生态农业的哲学思想、科学技术及实践方法对当前我国及世界的绿色农业及生态农业发展，以及对未来我国及世界绿色文明及生态文明的经济发展有极大的指导意义及参考作用。其次，文物与第二产业有极深的渊源。虽然文物不是自然资源，但文物中蕴藏了大量利用自然资源、使用自然资源的智慧；虽然文物都是手工业产品，与工业产品有很大的区别，但大工业是由手工业发展起来的，只是手段先进了而已，其设计目的、设计理念、制作方法、使用方法并不

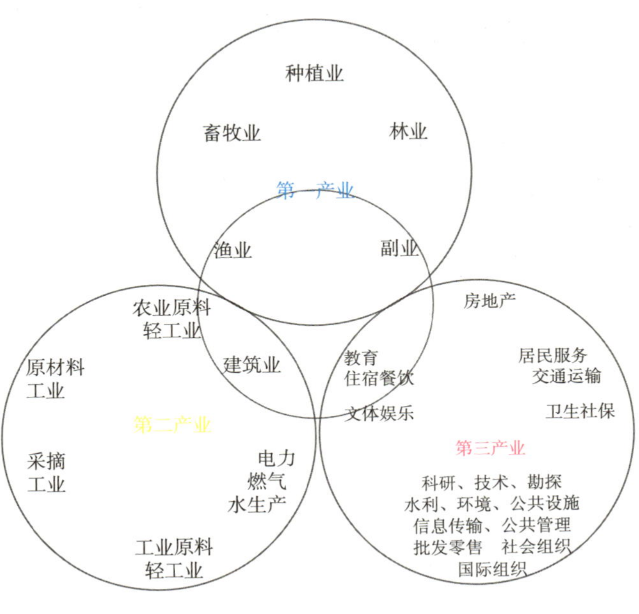

一定超越先人，这是无数文物早已显示的。只要系统深入地研究，把文物中的大量设计信息与使用信息还原优化并延伸开发，文物对各类制造业及建筑业的指导意义及参考作用很大。第三，文物与第三产业各个类别都已经难以分离，尤其与当前急速开发的旅游业、娱乐业、房地产业及文化产业紧密联系。文物在科研、教育、卫生、水利、环境、公共管理、社会组织等其他三次产业类别中也具有很大的动力及潜能。

河南省叶县县衙正门

本课题组把河南文物对河南省经济发展的潜在力量清晰地反映出来，首先希望促使政府部门尤其是政府决策部门、产业决策部门、三次产业部门、科技界、学术界、经济界乃至全社会认真、深刻地意识到文物不仅不是经济社会发展的包袱与负担，而且是经济社会发展可持续的动力。

二、文物经济价值的延伸作用

科学量化研究在获得相对准确客观的数据同时，也必然会失去一些有价值的非量化信息，也就是说文物的经济价值不仅仅体现在直接经济产出及对国民经济的拉动上，而且对整个国家或区域社会发展都会产生巨大的影响。这是因为文物是文化资源的核心组成部分，而文化资源又是区域软实力及国家软实力的核心组成部分，因此，文物就具有了许多区域软实力及国家软实力的特征与效用。

首先，文物是文化产业与旅游产业的核心资源，它可以直接创造价值。例如，旅游业，特别是以文物为基础的文化旅游产业，是对一个区域文物最表面的物化，并且能够带来巨大的经济效益。其次，有利于向外推介地方特色产品，促进商品贸易及产业投资。在课题组的社会调查及产业调查中，发现许多当地企业采用当地文物的名称作为产品商标名称，从而依靠文物的知名度带动自己的品牌效应，从而增加企业的利润，实现更大的经济价值。例如，洛阳市以当地文物名称命名的商标有76个（文物行政部门自身注册的商标除外），其中以龙门石窟相关词命名的商标数量就有17个，使用这17个商标的产品分布在各类产业。再次，文物作为区域软实力的一个重要组成部分能够积聚区域内的生产资源、货币资本、人力资本，通过这种积聚效应推动生产要素的积累，并将其转化为生产力，从而对产值与经济的增长产生关键的促进作用。①

一方面，文物可以塑造区域良好的投资形象、投资环境及投资条件，推动生产要素的流入与聚集。特别是当处在相似的环境资源及生产资源，如气候条件、地理条件、山水资源条件、土地条件、矿藏条件及城乡基础设施条件与其他发展条件背景下，文化资源及文物便成为积聚要素的关键变量。在调查过程中发现许多政府在招商引资、对外贸易、对外合作中都将区域内的

① 张晖明、张亮亮：《“软实力”的经济效应分析》，《复旦大学学报》（社会科学版），2008年第4期。

河南省林县红旗渠

文物作为推广、宣传本区域文化水平、文化形象的必要组成部分。另一方面，丰富的文物可以提升区域软实力对外产生较强的传播力、影响力及感召力，从而对周边地区产生文化辐射作用，带动周围地区的发展。只有带动了周围区域的发展，才能把更多的资源吸引过来，从而形成一种可循环、可持续的发展状态。

文物的经济价值理论能否用准确的数据来显示？答案是文物真实的经济价值是不能量化的。但是为了能够使文物的经济价值不被埋没，为了使社会各界更加重视文物的保护与利用，为了能够给文物的保护与利用提供决策依据，有必要将文物已经在经济社会发展中实现的那部分经济价值以量化的形式展现出来。本节对河南文物经济价值的量化主要是针对河南文物对河南省国民经济的贡献，文物通过对文物业内直接产出及对其他产业部门的拉动，带动国民经济的发展。这种拉动主要是对其他产业增加值的拉动，增加值是国内生产总值（GDP）的同度量指标，将增加值作为核算的核心指标，有助

河南省洛阳周公庙

于与国民经济核算体系接轨，以真实的数据反映文物对整个国民经济的贡献率，也有助于与其他部门或产业进行同度量的对比分析。

三、河南文物经济价值指标体系的建构

（一）河南文物经济价值的测算理念

过去有一些研究对文物的拉动效应进行了测算，但都很不完善。一些研究把文物对其他产业的拉动仅仅局限于文物系统直接投入其他产业产生的增加值。例如，计算文物对建筑业的拉动，仅仅将文物行政部门对建筑的直接投入计算在内。这些投入绝大部分局限在文物的保护范围内，而建设控制带内的投入并没有计算在内。然而，尽管这建设控制带内的建筑投入主体大部分不是文物行政部门，但它的投入范围是在文物保护区内，更为重要的是，正因为有文物的存在才吸引这些建筑业的投入，如通往文物保护单位的道路，服务文物保护区的旅馆、餐厅及其他服务设施。另外，有的研究对文物

拉动产业的范围界定得很狭窄，甚至认为文物仅对旅游业具有拉动作用，这种观点是很片面的。文物对影视、广告、工艺美术品、图书出版等文化产业都具有巨大的拉动作用。因此，文物经济价值的测算理念是：文物的经济价值是因文物的存在而对其他所有产业拉动而产生的增加值。

（二）河南文物经济价值评价指标体系的框架

文物经济价值评估的核心就是评估指标体系的建构。指标体系的基本组成部分就是指标，指标是衡量项目态势的尺度，也是项目综合质量与数量的测度。指标名与指标值是其质与量的规定，构建指标的基本目的就是把复杂的状态变为可以度量、计算、比较、评估的数字、数据与符号。河南文物经济价值的指标体系是由三级指标构成，具体内容是文物对国民经济贡献，包括对国民经济的直接经济贡献与间接经济贡献。对国民经济的直接经济贡献包括文物存量（包括：世界文化遗产数量、全国重点文物保护单位数量、中国历史文化名城数量、文物藏品数量）、文物业增加值。对国民经济的间接经济贡献包括拉动建筑业增加值、拉动旅游业增加值、拉动文化产业增加值（包括拉动广告业增加值、影视业增加值、图书业增加值、工艺美术品制造业增加值）（见表3-1-1）。

（三）指标数据的获取与分析方法

如何选择精确的技术方法与研究工具是获得准确资料的最基本保证，具体的技术方法包括理论确立、方法确定、资料收集、资料分类与资料分析所运用的技术与手段。第一步，确定文物核心价值理论与核心动力理论；第二步，确立文物经济价值理论；第三步，确立文物经济价值指标体系；第四步，确立文物经济价值资料收集方法；第五步，确立文物经济价值资料收集部门。在经济价值资料收集阶段，主要采用了普查法、抽样调查法与文献法相结合。（1）普查法是制定文物行政部门调查表格，通过河南省文物局下发到全省各级文物管理单位，然后层层上报汇总。这部分资料主要涉及的范围是文物系统之内的经济数据。抽样文物景观调查法是采用分层抽样，分层抽样的标准是文物管理单位的级别。根据计算，确定26处文物点作为调查对象，制定政府部门调查表格，下发到文物景观的管理部门与文物景观所在辖区内的规划局、旅游局、发改委、广电局、工商局与新闻办等所有相关政府部门，从而获得文物系统之外的经济数据。（2）文献法是通过《河南省统计年鉴》、《河南文物业统计资料》、《河南省文化产业发展报告》等文献资料获得相关经济数据。（3）数据分析方法主要以产业经济学、计量经济学、统计学与国民经济核算方法为基础，科学设定统计指标的内涵与外延，合理制定统计指标的计算口径。兼顾实际需要与科学可行，使各项指标概念与计算方法立论科学且切实可行。一方面计算方法、统计方法、分析方法需符合经济学、统计学的基本原理；另一方面考虑这些指标与计算方法在实际工作中是否具有可操作性。具体相关数据计算方法，在下面数据分析中详细阐述。

表3–1–1：河南文物经济价值评价指标体系

<table>
<tr><th>评价内容</th><th>一级指标</th><th>二级指标</th><th>三级指标</th></tr>
<tr><td rowspan="12">文物
对国民经济的贡献</td><td rowspan="5">直接经济贡献</td><td rowspan="4">文物存量</td><td>世界文化遗产数量</td></tr>
<tr><td>全国重点文物保护单位数量</td></tr>
<tr><td>中国历史文化名城数量</td></tr>
<tr><td>文物藏品数量</td></tr>
<tr><td>文物业增加值</td><td></td></tr>
<tr><td rowspan="6">间接经济贡献</td><td>拉动建筑业增加值</td><td></td></tr>
<tr><td>拉动旅游业增加值</td><td></td></tr>
<tr><td rowspan="4">拉动文化产业增加值</td><td>拉动广告业增加值</td></tr>
<tr><td>拉动影视业增加值</td></tr>
<tr><td>拉动图书业增加值</td></tr>
<tr><td>拉动工艺美术品制造业增加值</td></tr>
</table>

第二节 河南文物的直接与间接经济价值

一、河南文物创造的直接经济价值

河南省文物资源的直接经济价值指的是河南文物系统内维护、经营活动产生的增加值，即文物系统内所有的相关单位（包括河南地方各级文物保护管理机构、文物科研机构、博物馆、文物商店与其他附属机构）在发掘、保护、科研、经营、建设、抢修的过程中创造的新增加值与固定资产的转移价值。由于该部分价值是文物系统的直接投入（包括文物资源发掘、保护、科研、经营、维修、建设的劳务费用等）而产生的新的价值，因此本课题称之为文物业的直接经济价值。表3-2-1中的文物业增加值是通过生产法（增加值=总产出-中间投入）与收入法（增加值=劳动者报酬+生产净税额+固定资产折旧+营业盈余）两种方法算得的。2006—2009年河南省文物业增加值分别为2.14亿、1.41亿、2.81亿与3.37亿元。除了2007年之外，河南文物业增加值基本上呈现逐年增加的趋势（见图3-2-1）。

表3-2-1：河南文物业增加值构成表（单位：亿元）

项目	2006	2007	2008	2009
总产出	4.22	2.92	7.72	7.08
中间消耗	2.08	1.52	4.91	3.72
增加值	2.14	1.41	2.81	3.37
劳动者报酬	1.59	1.30	2.07	2.72
生产税净额	0.029	0.05	0.11	0.18
固定资产折旧	0.31	0.099	0.25	0.36
营业盈余	0.24	－0.046	0.38	0.26

资料来源：《河南文物业统计资料》（2006-2009）。

图3-2-1：河南文物业增加值曲线图

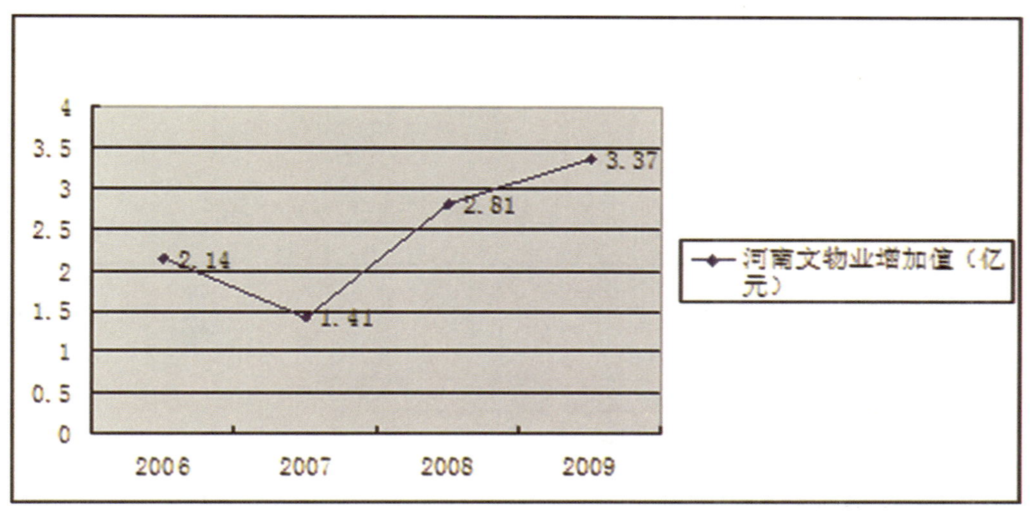

资料来源：《河南文物业统计资料》（2006-2009）。

二、河南文物创造的间接经济价值

河南文物的间接经济价值是河南文物对建筑业、旅游业与文化产业拉动而产生对河南省国民经济的贡献。主要通过两个指标来衡量：一个是河南文物拉动建筑业、旅游业与文化产业产生的增加值总和，一个是河南文物拉动以上三大产业产生的增加值总和占河南省同期GDP的比例。也就是说，前者是对国民经济的贡献，后者是对国民经济的贡献率。

（一）河南省文物对河南建筑业的拉动

河南文物资源对河南建筑业的拉动，是指在文物保护单位建设控制带内因文物的存在而建设的建筑与基础设施所带动的建筑业增加值。由于保护范围内的建筑投入已经在直接经济价值中统计，为了避免重复计算，该部分的建筑投入额只包括建设控制带内的建筑投入。

建筑业投入额是指文物保护单位的一般保护区与建设控制带内的建筑与基础设施投入额。内容主要包括一般保护区与建设控制带内为了维护符合文物保护单位要求的环境与设施而修建的道路、广场、停车场、绿化、商业用房、商品房等建筑与基础设施。2006—2009年，河南省文物资源拉动建筑业投入额逐年增加，从2006年的82.52亿元增加至2009年176.85亿元，年增长率由2007年的18.46%增加至2009年的40.44%（见图3-2-2）。

图3-2-2：河南文物拉动河南建筑业投入额

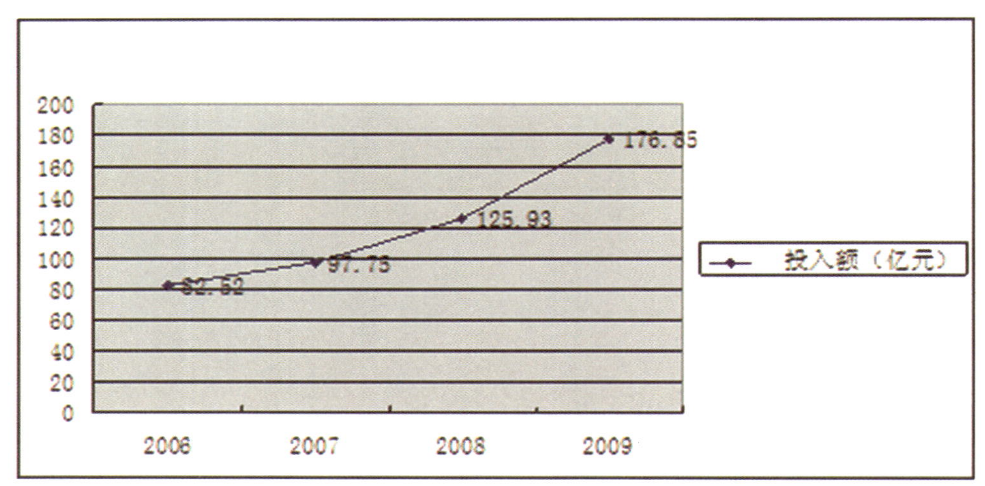

资料来源：河南省文物资源经济价值抽样调查统计结果，具体过程见数据获得方式。

按照2007—2009年28.92%的平均增长率计算，那么，“十二五”规划结束的2015年，由河南文物资源拉动的河南建筑业投入额将达到811.90亿元（见表3-2-2）。

表3-2-2：河南文物拉动河南建筑业投入额

时间	投入额（亿元）	年增长率
2006	82.52	0
2007	97.75	18.46%
2008	125.93	28.83%
2009	176.85	40.44%
2010	227.99	28.92%

（续表）

时间	投入额（亿元）	年增长率
2011	293.92	28.92%
2012	378.92	28.92%
2013	488.50	28.92%
2014	629.77	28.92%
2015	811.90	28.92%

资料来源：河南省文物资源经济价值抽样调查统计结果，具体过程见数据获得方式。

数据获得方式：课题组对河南各级文物保护单位进行分层抽样，分层标准为保护级别，按照世界文化遗产、全国重点文物保护单位、河南省文物保护单位将其分为三类（市县级文物保护单位开发相对滞后，相关建筑业的投入范围主要是保护范围，投入额主要来源于文物系统内，这部分数额已经被统计在文物资源的直接经济价值中了）。在95.45%的概率保证度与抽样极限误差不超过5%的情况下，样本容量确定为26个。计算样本的建筑业投入额的平均数、抽样平均误差、抽样极限误差，确定样本建筑业投入额平均数的区间估计范围，然后乘以总的文物资源或景观数量，确定拉动建筑业总投入额的区间估计范围，再取区间上下限制的平均值，确定建筑业投入总量。最后，根据抽样调查显示：在河南文物资源带动的建筑业中，76.3%的建设项目是由河南省内建筑企业完成，因此将估计总量乘以76.3%。剩余23.7%的建设项目由省外建筑企业完成，这部分的增加值是对其他省份国民经济的贡献，不在统计范围之内。

2006—2009年河南省文物资源拉动河南建筑业增加值分别为37.13亿、35.19亿、41.56亿与54.82 亿元。除了2007年之外，基本呈现逐年递增的趋势。按2007—2009年13.87%的平均增长率计算，那么，“十二五”规划结束的2015年，由河南文物资源拉动的河南建筑业增加值将达到119.51亿元（见表3-2-4、图3-2-3）。

表3-2-3：　河南建筑业总产值、增加值、增加值率

项目	2006	2007	2008	2009
建筑业总产值（亿元）	1530.95	2151.72	2824.06	3596.49
建筑业增加值（亿元）	693.4	774.5	931.84	1110.23
建筑业增加值率%	0.45	0.36	0.33	0.31

资料来源：《河南统计年鉴》（2006—2009年）。建筑业增加值率=建筑业增加值 / 建筑业总产值。

表3-2-4 ：　河南文物拉动河南建筑业增加值

时间	增加值（亿元）	年增长率
2006	37.13	0
2007	35.19	–5.22%
2008	41.56	18.10%
2009	54.82	31.91%
2010	62.42	13.87%
2011	71.08	13.87%
2012	80.94	13.87%
2013	92.17	13.87%
2014	104.95	13.87%
2015	119.51	13.87%

资料来源：根据表3-2-2、3-2-3中的数据计算获得，具体过程见计算方法。

图3-2-3：河南文物拉动河南建筑业增加值

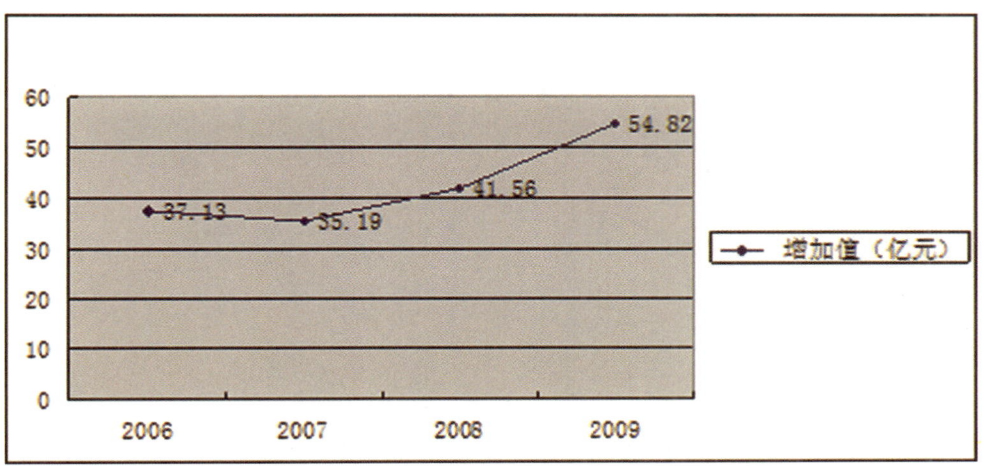

资料来源：根据表3-2-2、3-2-3中的数据计算获得，具体过程见计算方法。

计算方法：将河南省文物资源拉动的河南建筑业总投入近似作为河南省文物资源拉动的建筑业总产值，然后分别乘以历年河南建筑业增加值率（见表3-2-3），这样就近似得到河南省文物资源拉动的建筑业投入额产生的增加值。

以戚城遗址公园为例解剖河南省文物资源对河南建筑业的拉动。

戚城遗址，俗称孔悝城，位于濮阳市区，为春秋时期卫国北部的重要城邑。1963年，被河南省人民政府公布为第一批文物保护单位，1996年被国务院公布为第四批全国重点文物保护单位。从1991年开始，戚城文物景区依托戚城遗址建设遗址公园，占地760亩，建筑面积10万平方米，绿化面积500余亩。考古遗址公园坚持有效保护、深入研究、适度开发、合理利用的原则，在保护与挖掘文物资源的同时，加大了对周边环境的整治。随着环境的改善，周边的古玩街、宾馆、饭店、广场、道路等基础设施纷纷建设使用。戚城遗址公园的保护与开发甚至带动了周边地价与房价的大幅提升。2006—2009年戚城遗址保护区内建筑业投入额如下：

河南省濮阳市戚城遗址公园大门

表3-2-5：戚城遗址公园拉动建筑业投入额（万元）

时间	保护范围	建设控制带
2006	2846	13363
2007	3108	13570
2008	3951	10603
2009	2801	9056

资料来源：戚城文物资源景区管理处。

表3-2-5中重点保护区内的投入额更多来自于文物系统内部，主要是文物管理部门的日常维护与建设支出，这一部分已经在文物资源直接经济价值中计算。因此，文物资源拉动建筑业投入额中将不再计算，以免重复计算。一般保护区与建设控制带内的建筑业投入额更多来源于文物系统之外相关部门的投入。从表中可以看出，文物系统之外对建筑业的投入远远大于文物系统之内对建筑业的投入。也就是说，文物资源对周边基础设施建设的拉动作用十分巨大，撬动杠杆达数十至上百倍。戚城遗址公园的保护与开发，使原来较为荒凉

的濮阳郊区变成了基础设施完善、交通便利、文化氛围浓厚的中心区。

从上面的数据分析与案例分析可以看出，文物资源对建筑业具有巨大的拉动作用。文物资源被作为旅游资源开发之后，就变成了旅游产业的一部分，成为了一种旅游商品。要想使文物资源为旅游带来巨大收益，就必须对其进行大量投入，从而满足游客的需要。这就需要对文物资源进行有力的保护，对周边环境进行改造，完善基础设施及服务设施。随着游客的增加，旅游规模的扩大，周边环境的改善，文物景观周边的商业设施甚至居民区也会随之增加。以上项目的投入虽然不是来自于文物管理部门的投入，但都是因为文物景观的存在而被吸引过来的，也就是说文物景观是这些项目的核心，一切投入都是因为它的存在而出现。

尽管周边基础设施与建筑项目越多，文物资源对建筑业的拉动越大。但是如果建设规模无限扩大，必然会对保护范围内的文物景观产生破坏作用。因为随着周边基础设施的完善与建筑种类与数量的增多，对游客的接待能力也会增加，游客数量也会激增，但是文物资源固定不变，它的承受能力是有限的。如果超过了文物资源的承受能力，必然会对文物造成破坏。因此，要坚持核心与外围协调发展的原则，控制建设规模，尽量在文物建设控制带之外设立服务区。这样一方面防止旅游规模过大对文物造成破坏，另一方面又可以带动文物景观三层地带以外的延伸地区

河南省郏县临沣寨

的发展。河南省郏县的临沣寨是中国历史文化名村，目前该景区没有大规模开发，游客数量较少，可以说属于旅游开发的初级阶段，属于谨慎、偏慢的开发模式。但是当地政府与景区管理部门并没有因为旅游规模较小便急切地把旅游开发的配套设施建设在保护区范围内，而是将旅游服务区建设在距离景区相对较远的临镇姚庄。在景区所在的镇与服务区所在的镇之间铺设道路，衔接服务区与景区。这样既很好地保护了文物资源，也适当地发展了旅游，又大力地促进了延伸地区的经济社会发展。

（二）河南省文物对河南旅游业的拉动

河南省文物资源对河南旅游业的拉动是指河南文物景观拉动的旅游收入而产生的增加值。旅游业发展的基础是旅游景观，旅游景观分为两部分：一部分是自然景观，一部分是人文景观，而文物景观是人文景观的重要内容。河南省作为我国的文物资源大省，文物景观丰富，也是河南旅游的重要资源。虽然河南文物资源的开发及利用还处于初级阶段，但文物景观已经为河南旅游带来了巨大收入。

表3-2-6：2006—2009年河南省旅游总收入

时间	总收入（亿元）
2006	1039.39
2007	1352.24
2008	1591.96
2009	1984.64

资料来源：《河南省国民经济与社会发展统计公报》（2006-2009）。

在网络问卷调查、省外居民问卷调查与景观游客问卷调查中，当问及“是什么吸引您到河南旅游的？”55%的调查对象选择了文物资源，23%的调查对象选择了自然风光，13%的调查对象选择了民俗风情，4%的调查对象选择了城市容貌，3%的调查对象选择了乡村生活，2%的调查对象选择了其他。也就是说，来河南旅游的游客中，至少55%的游客是来看文物资源或文物景观的，因此可以近似地说河南旅游收入的55%是由河南省文物资源拉动的（见图3-2-4）。

图3-2-4：河南旅游吸引力构成图

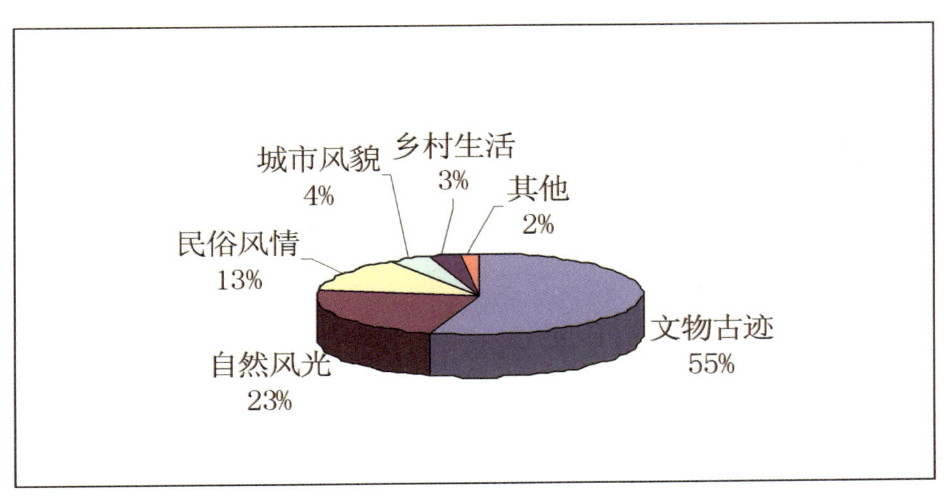

资料来源：网路调查问卷、省外居民调查问卷与景观游客调查问卷统计结果。

2006—2009年河南省文物资源拉动旅游收入分别为571.66亿、743.73亿、875.58亿与1091.55亿元，平均年增长率达24.06%，呈快速增长的趋势。按2007—2009年24.06%平均增长率计算，那么，“十二五”规划结束的2015年，由文物资源拉动的旅游业收入将达到3979.57亿元（见表3-2-7）。

表3-2-7：河南省文物拉动旅游收入

时间	拉动旅游收入（亿元）	年增长率
2006	571.66	0
2007	743.73	30.10%
2008	875.58	17.73%
2009	1091.55	24.67%

（续表）

时间	拉动旅游收入（亿元）	年增长率
2010	1354.18	24.06%
2011	1680.00	24.06%
2012	2084.21	24.06%
2013	2585.67	24.06%
2014	3207.78	24.06%
2015	3979.57	24.06%

资料来源：根据表3-2-6与图3-2-4数据计算获得，河南省文物资源拉动旅游总收入=旅游总收入×55%。

2006—2009年河南省文物资源拉动旅游业增加值分别为223.85亿、293.03亿、339.03亿与361.99亿元，呈快速增加趋势。按2007—2009年的平均增长率，每年增长率17.38%，那么，“十二五”规划结束的2015年，由文物资源拉动的旅游业增加值将达到946.80亿元（见表3-2-8）。

表3-2-8：河南省文物拉动旅游业增加值

时间	拉动旅游增加值（亿元）	年增长率
2006	223.85	0
2007	293.03	30.90%
2008	339.03	15.70%
2009	361.99	6.77%
2010	424.90	17.38%
2011	498.75	17.38%
2012	585.43	17.38%
2013	687.18	17.38%
2014	806.61	17.38%
2015	946.80	17.38%

资料来源：根据表2-2-7与图2-2-5中的数据计算获得，计算过程见计算方法。

图3-2-5：河南省旅游收入构成图

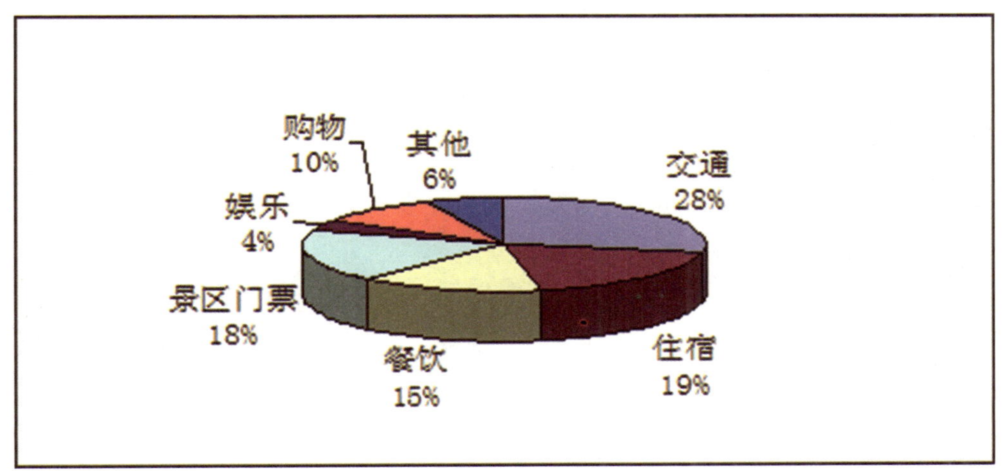

资料来源：河南省文物景点调查问卷统计结果。

计算方法：根据2006—2009年河南省统计年鉴的相关数据，求出住宿业、餐饮业、交通运输业、邮电通信业与批发零售业增加值率（增加值/总产值或销售额），然后将旅游收入中的各部分收入额乘以各产业的增加值率。由于门票收入已经在文物资源的直接经济价值中计算，因此河南省文物资源拉动旅游业增加值的计算中不再涉及，以免重复计算。

以淮阳太昊陵为例解剖河南省文物资源对河南旅游的贡献。

淮阳以前属于农业县，真正发展旅游业始于2004年。政府以太昊陵为基础，发展与其相关的文化旅游。随着规模与知名度的扩大，后来又增加了姓氏文化节与夏季荷花节。经过几年的努力，淮阳旅游终于渐起声色。2009年旅游接待人数750万，实现旅游收入38.6亿元。太昊陵不仅自身为淮阳旅游业作出了贡献，而且也带动了淮阳民俗与自然旅游项目的发展。太昊陵的旅游人数逐年增加，门票收入也不断攀升，门票收入从2005年的1756万元增加到2009年的7 200万元（见图3-2-6）。

河南省淮阳县太昊陵庙午朝门

河南省淮阳县太昊陵大殿

图3-2-6：2005—2009年太昊陵景区门票收入走势图

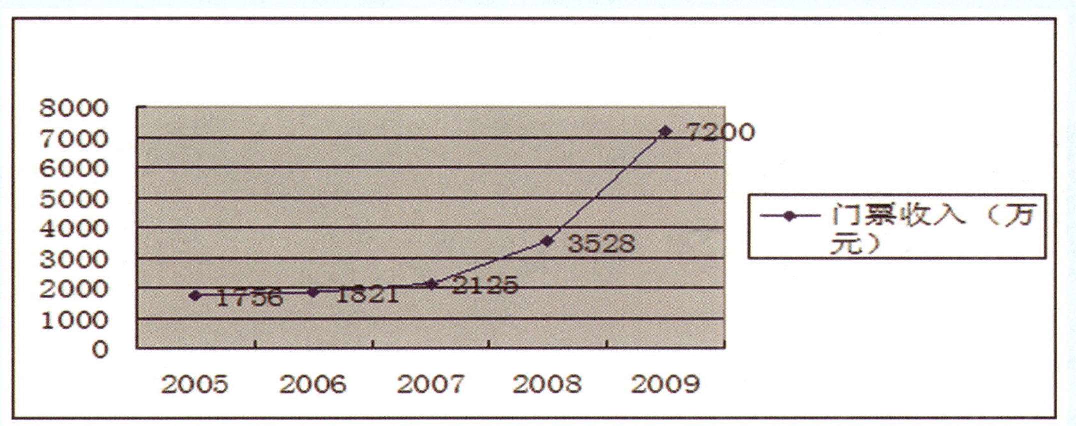

资料来源：淮阳县太昊陵管理处。

除了门票收入的增加外，太昊陵旅游还带动了餐饮、住宿、商业等产业的发展。在调查中，许多摊主反映几年前在太昊陵景区摆摊，专卖泥泥狗、布老虎等当地特色产品，由于游客少，挣钱也少。但是随着太昊陵景区的加快开发，其影响力迅速加大，游客迅速增加，2008年每个摊位的营业额达到4万多元，净收入超过2万元。另外，目前淮阳共有鱼餐馆240多家，2007年经营额达到2200多万元。这些案例与数字证明文物景观对旅游收入的巨大作用。

通过上面的分析，课题组发现河南省文物旅游资源很丰富，虽然开发还远不到位，但文物旅游对河南旅游业的贡献已经十分巨大。而且调查显示，河南省文物资源旅游业的发展十分不均衡。从地域分布上，河南省文物资源旅游主要分布在登封、洛阳、开封三市，特别是在“五一”、“十一”等黄金周期间，由于时间短、行程紧，大部分来河南旅游的游客选择了登封、洛阳与开封。这三个城市也是大多数旅行社推出的河南旅游热门线路。为什么这三个城市是河南省文物资源旅游的热点？因为来河南旅游的游客大部分是来看文物资源的，而这三个城市的文物资源，特别是扬名国内外的文物资源十分集中。登封的少林寺、中岳庙、嵩阳书院、观星

河南省洛阳市白马寺山门（上一）
河南省开封市铁塔公园（左一）
河南省社旗县山陕会馆大拜殿（右一）

台；洛阳的龙门石窟、白马寺、关林、天子驾六；开封的龙亭公园、相国寺、铁塔公园、山陕会馆，国人乃至外国人对这些文物资源十分熟悉，许多省外的乃至国外的游客慕名而来。

相反，河南省其他地区的文物资源旅游相对发展较慢，这是因为文物资源旅游与自然旅游性质不同，自然景观往往面积较大，而且十分立体，有山有水、有绿色，旅游卖点较多。而文物资源往往相对单一孤立，游览的时间较短，卖点小。那么为什么不能将两者有机结合，共同开发呢？近几年，河南省除了登封、洛阳、开封之外，淮阳旅游开始异军突起，尽管不能与前三者相提并论，但给人一种耳目一新的感觉。通过调查发现，淮阳旅游业相对成功的经验就是文物旅游、自然旅游与民俗旅游有机结合。文物旅游有太昊陵，自然旅游有夏季的龙湖荷花节，民俗旅游有初春的太昊陵庙会与秋季的姓氏文化节。尽管在具体的运作与经营过程中存在一些问题，但是这种立体旅游的发展模式已经开始形成。如果能再跳出淮阳放眼周边，与周围地区旅游资源相结合，将会更加促进旅游业的发展。例如，将淮阳旅游资源与鹿邑老子故里相结合，不仅会进一步促进淮阳旅游业，还会带动鹿邑旅游业的发展。另外，安阳殷墟可以与辖区内的林州太行大峡谷自然景观相结合，商丘古城可以与周边的南湖自然景观相结合，云台山景观可以与朱载堉纪念馆等文物景观相结合。这就需要在旅游推广的过程中，将不同区域的旅游景观整合，相互衔接融合，共同推出，共同宣传，使潜在的游客感到同为一体，这样就会吸引更多的游客，使游客停留更多的时间，进而促进旅游业的发展。

但政府部门应该清楚地认识到，文物旅游或者文化旅游都只是利用了文物资源丰富价值中最表面的观赏价值而已，而其他更丰富的价值还有待进一步研究、延伸研发及开发，而且旅游不仅涉及更高的文物资源保护要求，还要考虑生态环境及文物资源的承载力，限制游客量及垃圾量，必须谨慎研究、充分论证，一定要注意适当开发、合理利用，务必避免竭泽而渔的短期及错误的开发与利用模式。

（三）河南省文物对河南文化产业的拉动

联合国贸发会议将文化产业分为9大类，包括：（1）传统文化表现，即手工艺品和节庆；（2）表演艺术，包括音乐、戏剧、舞蹈、歌剧、杂技、木偶剧等表现艺术；（3）视听产业，电视、电影、广播；（4）新媒体，软件、游戏、数字化创意内容；（5）创意服务，包括建筑服务、广告文化和娱乐活动；（6）设计，室内平面、时尚用品、珠宝玩具设计；（7）出版和印刷媒体，包括图书、报刊和其他出版物；（8）视觉艺术，绘画、雕塑、摄影、古董；（9）文化场所，包括考古遗迹、博物馆、图书馆展览。

国家统计局制定的《文化及相关产业分类》中，将文化产业也分为了9大类、25个相关产业。河南省统计局在《2008年河南省文化产业发展报告》中将河南的文化产业分成了11个产业。

文物资源与文化产业每个类别都有密切的联系，但限于我国及河南省当前对文化资源极其有限的文化研究及文化开发，造成了文物资源在文化产业中的拉动作用与文物资源的核心地位严重不相称。在参考以上分类标准的基础上，根据文物资源自身的特征，本课题组筛选出广告业、影视业、工艺美术品制造业、图书零售业四个与河南省文物资源相关的产业。河南省文物资源在以上四大产业中扮演着重要的角色。

1. 河南省文物对河南广告业的拉动

河南省文物资源对河南广告业的拉动是指河南文物资源景区为了宣传、推广投放广告的投入额而产生的增加值。抽样调查显示，河南省世界文化遗产每年41.3%的广告投放在河南省内媒体上，58.7%的广告投放在河南省外媒体上；全国重点文物保护单位57.6%的广告投放在河南省内媒体上，42.4%的广告投放在河南以外的媒体上；河南省级文物保护单位91.4%的广告投放在河南省内媒体上，8.6%的广告投放在河南省外媒体上。因此，河南文物资源拉动的广告业只涉及在投放在河南省内媒体的广告与河南省内户外广告。因为投放在省外媒体的广告是对其他省份广告业的拉动。

2006—2009年河南省各级文物保护单位广告总投入额分别为0.89亿、1.42亿、2.19亿与3.59亿元，呈逐年递增的趋势。按2007—2009年的平均增长率，每年增长率59.18%，那么，“十二五”规划结束的2015年，由河南文物资源拉动的河南广告业收入将达到58.36亿元（见表3-2-9）。

表3-2-9：河南各级文物保护单位广告总投入额

时间	广告业投入额（亿元）	年增长率
2006	0.89	0
2007	1.42	59.55%
2008	2.19	54.23%
2009	3.59	63.93%
2010	5.71	59.18%
2011	9.09	59.18%
2012	14.47	59.18%
2013	23.03	59.18%
2014	36.66	59.18%
2015	58.36	59.18%

资料来源：河南省文物资源经济价值抽样调查统计结果，具体见数据获得方式。

数据获得方式：与建筑业投入额获得途径相同，按照保护级别的高低将文物保护单位分为三层，样本数量与调查对象与建筑业一致。总量估算方法与建筑业投入额的计算方法略有不同。由于各个级别的文物保护单位在省内媒体投放媒体广告的数量比例不同，因此将各个级别抽样获得的广告投入总额分别乘以各自在省内投放广告的比例，然后相加取样本平均数，计算样本平均数的区间估计范围，然后乘以总的文物资源或景观数量，确定拉动广告业总投入额的区间估计范围，然后取区间上下限制的平均值，确定广告业投入总量。

2006—2009年河南省文物资源拉动河南广告业增加值分别为0.40亿、0.64亿、0.98亿与1.62亿元，呈逐年增加的趋势。按2007—2009年的平均增长率，每年增长率59.40%，那么，“十二五”规划结束的2015年，由文物资源拉动的广告业增加值将达26.52亿元（见表3-2-10）。

表3-2-10：河南各级文物保护单位广告投入拉动广告业增加值

时间	增加值（亿元）	年增长率
2006	0.40	0
2007	0.64	60.00%
2008	0.98	53.13%
2009	1.62	65.31%
2010	2.58	59.40%
2011	4.11	59.40%
2012	6.55	59.40%
2013	10.44	59.40%
2014	16.64	59.40%
2015	26.52	59.40%

资料来源：根据表3-2-9与《河南省文化产业发展报告》中的数据计算获得，过程见计算方法。

计算方法：2008年河南省广告业的总产值为23.34亿元，增加值为10.42亿元，增加值率为0.45（数据来源于2008年河南省文化产业发展报告）。由于2006、2007、2009三年的广告业总产值与增加值没有统计数据，因此假设以上三年的广告业增加值均为0.45。计算公式为：河南省文物资源拉动广告业增加值=河南省文物资源景区广告业投入额×河南省广告业增加值率。

以龙门石窟为例解剖河南省文物资源对广告业的拉动。

龙门石窟一直重视旅游资源的开发，2005—2009年龙门石窟景区对广告投入额迅猛增加，从2005年的110.09万增加到2009年的972.91万元，呈逐年高速增加的趋势。2007年之前龙门石窟对广告业投入额的增幅相对较小。从

河南省洛阳市龙门石窟“五一”节游客人群

2008年开始，龙门石窟景区加大了广告投入（见表3-2-11）。龙门石窟景区为了提升景区的知名度与美誉度，扩大景区在国内外的影响力，加大了营销投入。不仅在河南省内媒体与户外投放广告，还在中央电视台、许多省份的交通移动传媒、各大网站投放广告。2010年甚至还在上海地铁世博会各站点投放了56块景区形象宣传牌，在上海三星级以上宾馆电梯液晶电视投放形象广告，在上海中英文地图上投放广告达30万份。随着营销投入的加大，龙门石窟的游客数量与旅游收入也直线上升。

表3-2-11：龙门石窟广告投入额

时间	广告投入金额（万元）
2005	110.09
2006	196.30
2007	263.67
2008	790.53
2009	972.91

资料来源：龙门文化旅游园区管理委员会。

图3-2-7：龙门石窟景区广告投入走势图

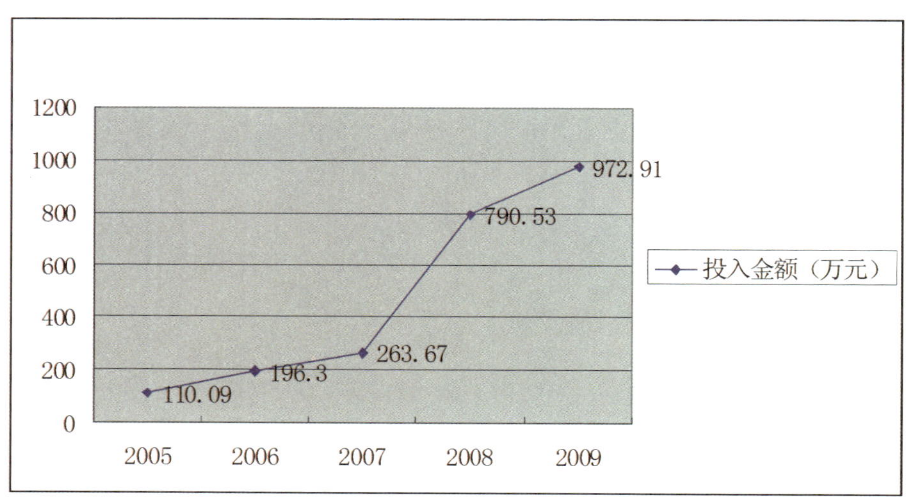

资料来源：龙门文化旅游园区管理委员会。

文物资源对广告业的拉动与文物资源对旅游业的拉动是息息相关的。因为文物资源成为旅游资源核心部分之后，政府、管理部门及开发商等就会对其进行广告投入，进行公众推广与媒体宣传。广告投入、公众推广与媒体宣传会使更多的人了解、认识文物景观，增加游客数量，从而促进文物景观旅游业的发展。在调查中发现，目前河南省文物景观广告的投放主体主要是两类：一类是文物景区管理部门，文物景区管理部门从经营收入中提取资金为景区投放广告；另一类是当地政府，政府从财政收入中提取资金为文物景观投放广告。前者的广告内容只涉及本文物景观，后者更多从区域及城市宣传的角度出发，将辖区内有代表性的旅游资源整体包装宣传。例如，在北京西站，淮阳县政府出资投放的淮阳旅游广告，内容包括太昊陵、姓氏文化节、龙湖荷花节等旅游项目；在北京地铁四号线站台，洛阳市政府出资投放的洛阳旅游广告，内容包括龙门石窟与青龙峡等旅游景观项目。政府出资投放的广告不仅仅是对旅游景观的宣传，更是对一个区域或城市形象的宣传。

鉴于此，现在许多地方政府已经意识到了文物景观的品牌效应，在城市宣传的过程中纷纷打出文化牌。文物景观可以说是一个城市的窗口，当火车缓缓驶进洛阳、安阳、开封等古都的时候，耳边首先响起的是对区域及城市文物景观的介绍，因为这些文物景观蕴藏着这座城市丰富的历史信息，通过对其介绍才会使人们详细地了解这座城市。因此，现在许多地方政府开始加大对区域内文物资源的推广与宣传，而且推广的手段丰富多样，既包括平面广告、户外广告、媒体广告，又包括城市宣传片、旅游宣传片、旅游博览会、文化产业博览会。随着各级政府对文物资源与城市宣传的重视，对其投入金额也逐年扩大，因此对广告业的拉动比例也将逐年提高。

2. 河南省文物资源对河南影视业的拉动

河南省文物资源对河南影视业的拉动是指以河南省文物资源为主题以及以河南省文物景观为拍摄地或拍摄背景的影视作品投入额而产生的增加值。抽样调查显示：与世界文化遗产相关的影视作品中，36.5%的投资主体来源于省内，64.5%的投资主体来自于省外；与全国重点文物保护单位相关的影视作品中，43.6%的投资主体来源于省内，57.4%的投资主体来源于省外；与河南省级相关的文物保护单位中，74%的投资主体来源于省内，36%的投资主体来源于省外。因此，河南省文物资源拉动的影视业只涉及省内投资主体部分，省外投资主体部分是对其他省份影视业的拉动。

2006—2009年河南省文物资源拉动河南影视业投入额分别为0.94亿、1.15亿、2.83亿与4.48亿元，呈逐年增加的趋势。按2007—2009年的平均增长率，每年增长率68.29%，那么，“十二五”规划结束的2015年，由河南文物资源拉动的河南影视业收入将达到101.82亿元（见表3-2-12）。

表3-2-12：河南省文物拉动河南影视业投入额

时间	投入额（亿元）	年增长率
2006	0.94	0
2007	1.15	22.34%
2008	2.83	146.09%

（续表）

时间	投入额（亿元）	年增长率
2009	4.48	58.30%
2010	7.54	68.29%
2011	12.69	68.29%
2012	21.36	68.29%
2013	35.95	68.29%
2014	60.50	68.29%
2015	101.82	68.29%

资料来源：河南省文物资源经济价值抽样调查统计结果，具体见数据获得方式。

数据获得方式：与建筑业、广告业投入额获得途径相同，按照保护级别的高低将文物保护单位分为三层，样本数量与调查对象与建筑业、广告业一致。总量估算方法与广告业投入额的估算方法一致，在此不再赘述。

2006—2009年河南省文物资源拉动河南影视业增加值分别为0.56亿、0.69亿、1.70亿与2.69亿元，呈逐年递增的趋势。按2007—2009年平均增长率，每年增长率68.73%，那么，“十二五”规划结束的2015年，由文物资源拉动的影视业增加值将达到62.06亿元（见表3-2-13）。

表3-2-13：河南省文物拉动河南影视业增加值

时间	增加值（亿元）	年增长率
2006	0.56	0
2007	0.69	23.21%
2008	1.70	146.38%
2009	2.69	58.24%
2010	4.54	68.73%
2011	7.66	68.73%
2012	12.92	68.73%
2013	21.80	68.73%
2014	36.78	68.73%
2015	62.06	68.73%

资料来源：根据表3-2-12与《河南省文化产业发展报告》中的数据计算获得，过程见计算方法。

计算方法：2008年河南省影视业总产值37.06亿元，影视业增加值22.09亿元，影视业增加值率0.60（数据来源：《2008年河南省文化产业发展报告》）。由于2006、2007、2009三年没有影视业总产值与增加值统计数据，因此，假设以上三年的影视业增加值均为0.60。计算公式为：河南省文物资源拉动影视业增加值=河南省文物资源拉动河南影视业投入额×河南省影视业增加值率。

以康百万庄园为例解剖河南省文物资源对河南影视业的拉动。

康百万庄园是全国三大庄园之一，被誉为豫商精神家园，中原古建典范。传奇的历史故事、特色的建筑风格成为了重要的影视拍摄基地。2001年之前，与康百万相关的影视作品就有23部，为此康百万庄园建立了影视作品陈列馆。2009年以康百万为主题的电视剧《康百万》开机，2010年1月8日杀青。这部电视作品投资3800万元，除电视剧《康百万》之外，巩义市政府还同时参与开拍了电视纪录片《发现豫商》，各方投入资金3000余万元，其中巩义投资1000万元。按照计划，纪录片与电视剧有望在央视播出。两部作品的上映，将会使“康百万”这个名字家喻户晓，在电视剧的拍摄过程中，已经吸引了众多游人到康百万庄园参观。

河南省巩义市康百万庄园正房

在康百万庄园拍摄的部分影片名

影视名称	拍摄时间	影视名称	拍摄时间
唢呐情话	1978年	夕阳红尽处	1997年
小城细雨	1982年	我爱我爹	1999年
血祭情坛	1988年	少奇同志过渭水	2000年
贪欲奇仇	1989年	五品郎中	2001年
喋血黑谷	1984年	怪才庞振坤	
神丐		诗圣杜甫	
神医扁鹊		赵匡胤	
葛巾		中岳狂飚	
泰山在行动		一生悬命	
神医张仲景		少林小子	1983年
杨家将	1983年		
彭雪枫将军			
史来贺与他的乡亲们			

在康百万庄园拍摄的影视剧

从以上分析可以看出河南省文物资源对河南影视业具有一定的拉动效用。文物资源为什么对影视业会产生拉动，两者之间又有什么关系？一方面，文物资源由于其特殊的古典外形与独特的历史风貌而成为了影视作品拍摄的外景，许多历史剧的外景是很难人工复制的，即使能够复制完全相同的建筑外形，但是也无法复制建筑深层蕴涵的曾经属于那个久远年代的气息；另一方面，许多文物信息蕴藏着丰富的历史故事，这些故事都是影视作品内容的重要来源。例如，广阔天地大有作为人民公社蕴藏着一部知青史，见证了那个激情燃烧的岁月的知识青年的生活、爱情、事业与理想；红旗渠见证了劳动人民的智慧、勤劳与伟大；康百万讲述了一个豫商的发家史与衰落史；木兰祠诉说一个壮怀激烈的木兰从军故事，广为流传。正是文物资源的这些特征使其对影视业影响越来越大。反过来，这些湮没在文物资源、文物古迹深层的历史事件及历史故事还没有被影视作品所关注，那么将不会被大众所熟知，将会永远地沉睡下去。通过影视作品的宣传会使更多人来认识历史、关注历史，从而更加关注历史事件及历史故事的载体——文物资源，从而形成一种良性循环。当然历史事件及历史故事是真实的，影视作品的创作者一定要尊重历史，不要为了迎合市场需求对其进行胡编乱造，这样不仅不会使观众受益，还会使观众误入歧途，造成对历史文化的误解与偏见。

3. 河南省文物对河南工艺美术品制造业的拉动

河南省文物资源对河南工艺美术制造业的拉动是指与河南省文物资源相关的复仿制品、艺术品的生产加工而产生的增加值。由于生产与文物资源相关的复仿制品与艺术品的地区为数不多，而且产地相对集中，因此该课题采用了重点抽样的方法。抽样单位包括禹州的钧瓷、洛阳的唐三彩、三门峡的彩陶和平顶山的金镶玉。除此之外，与河南省文物资源相关的复仿制品、艺术品还有青铜器、木版年画、玉器等。由于不同复仿制品、艺术品之间差额较大，因此没有对河南复仿制品、艺术品制造业的总产值进行总量推算。复仿制品、艺术品的总产值的统计范围仅仅包括以上四个抽样单位。实际上，与河南省文物资源相关的复仿制品与艺术品的总产值要更大一些。

河南省洛阳市黄冶窑唐三彩水注

河南省禹州市钧台窑钧瓷花盆

表3-2-14：与河南省文物相关的复仿制品与艺术品的总产值

时间	总产值（亿元）	年增长率
2006	2.75	0
2007	3.10	12.73%
2008	3.75	20.97%
2009	4.10	9.33%
2010	4.68	14.24%
2011	5.35	14.24%
2012	6.11	14.24%
2013	6.98	14.24%
2014	7.97	14.24%
2015	9.10	14.24%

资料来源：河南省文物资源经济价值重点调查统计结果，具体见数据获得方式。

数据获得方式：将重点调查的四个调查范围内的复仿制品与艺术品的总产值相加获得。如此操作的原因前面已经说明，在此不再赘述。

2006—2009年与河南省文物资源相关的复仿制品与艺术品的增加值分别为0.88亿、0.99亿、1.20亿与1.31亿元，呈逐年增加的趋势。按2007—2009年平均增长率，每年增长率14.18%，那么，“十二五”规划结束的2015年，由河南文物资源拉动的河南工艺美术品制造业收入将达2.91亿元（见表3-2-15）。

表 3-2-15：河南省文物拉动工艺美术品制造业增加值

时间	增加值（亿元）	年增长率
2006	0.88	0
2007	0.99	12.50%
2008	1.20	21.21%
2009	1.31	9.17%
2010	1.50	14.18%
2011	1.71	14.18%
2012	1.95	14.18%
2013	2.23	14.18%
2014	2.55	14.18%
2015	2.91	14.18%

资料来源：根据表3-2-14与《河南文化产业发展报告》中的数据计算获得，过程见计算方法。

说明：表3-2-14中的与河南省文物资源相关的复仿制品与艺术品的总产值与河南省旅游收入中的购物部分收入不重叠。因为以上四个抽样单位内的复仿制品与艺术品已经形成产业化，由于产品价格较高，大部分销往外地，甚至省外与国外。购买的消费主体不是游客，而是相关文物资源爱好者与收藏者。销售途径更多是运输到外地的经销商与代理商，由他们代卖。因此表3-2-15中的增加值与拉动旅游产生的增加值不存在重复计算。

计算方法：河南省2008年工艺美术品制造业总产值569.37亿元，增加值183.56亿元，增加值率0.32（数据来源：《河南省2008年文化产业发展报告》）。由于2006、2007、2009三年的工艺美术品制造业总产值与增加值没有统计数据，因此假设以上三年的增加值率均为0.32。计算公式为：河南省文物资源拉动工艺美术品制造业增加值=与河南省文物资源相关复仿制品与艺术品的总产值×河南省工艺美术品制造业增加值率。

以禹州钧瓷产业为例解剖河南省文物资源对河南工艺美术品制造业的拉动。

自古以来，钧瓷的发展就具备了得天独厚的优势，钧瓷品味高雅，在国内外具有潜在的巨大市场。近几年来，神垕镇钧瓷发展迅速，中等规模以上的企业70多家，规模较大的企业十多家。2005—2009年，神垕镇钧瓷产值不断增加，2009年总产值达到3.6亿元（见表3-2-16）。神垕镇钧瓷产业的发展带动了禹州整个钧瓷产业的发展。2008年12月，禹州市被确定为河南省8个文化改革发展试验区之一。禹州市以此为契机将发展文化产业上升到促进禹州实现跨越式发展的战略高度，全面带动禹州第三产业的发展与产业结构升级。截止2010年，禹州市钧瓷生产厂家109家，从业人员1.8万人，年产销钧瓷220万件（套），成为禹州的重要产业之一。

河南省禹州市神垕镇钧台钧窑遗址1号窑炉（右一）
钧瓷陶瓷官署简介（左一）

表3-2-16：神垕镇钧瓷产业总产值

时间	总产值（亿元）
2005	1.8
2006	2.5
2007	2.8
2008	3.3
2009	3.6

资料来源：禹州市神垕镇政府。

尽管目前在河南许多地区，文物资源复仿制品与艺术品制造业已经开始产业化，甚至成为了当地支柱产业，但对当地环境造成了不少污染。特别是采取工业化生产之后，生产规模扩大，对原材料的需要也扩大。许多企业对废料的处理不当，加重了环境污染，增加了社会成本。另外，随着生产规模的扩大，产品质量也参差不齐，从而影响了产品的声誉。一方面是因为传统的手工手艺逐渐丧失，另一方面是因为对产品的研发与创新投入不足。文物资源复仿制品与艺术品与其他商品不同，它的重要价值是鉴赏，不仅要鉴赏的它的器形，更要鉴赏它的精神，其中重要的是蕴藏在艺术品中的智慧与审美，创造力与生命力，这是流水线生产无法完成的。文物资源复仿制品与艺术品的加工制造形成产业化不是不可以，但是在形成产业化的同时也要继承与保护传统的制作手艺，两者是不相冲突的。当然在河南这样的手工作坊还是存在的，像河南郸城的泥人张，就是对泥泥狗传统制作方法的继承人。

4. 河南省文物对河南图书零售业的拉动

河南省文物资源对图书零售业的拉动是指与河南省文物资源相关的图书发行销售而产生的增加值。统计范围主要包括与河南省文物资源直接相关的文物资源介绍、学术类图书，而与河南省文物资源相关的文学作品相对较少。目前与河南省文物资源相关的文学作品相对较少主要是因为许多文物资源背后的故事与传奇还远远没有被挖掘出来。以《康百万》与《乔家大院》

比较，前者的故事不逊色于后者，但是后者的文学作品与电视剧已经家喻户晓，而电视剧《康百万》刚刚拍摄完毕还没上映。2006—2009年河南省与河南省文物资源相关的图书销售额基本上是逐年递增的，但是每年的销售额并不很高（见表3-2-17）。因为图书的类型相对单一，主要集中在景观介绍与学术类图书，文学作品类图书相对较少，普及性较低。而文学作品类图书往往发行量与销售更大。

表3-2-17：与河南省文物相关图书销售额

时间	销售额（亿元）	年增长率
2006	0.26	0
2007	0.20	–23.08%
2008	0.62	210.00%
2009	0.63	1.61%
2010	0.85	34.31%
2011	1.14	34.31%
2012	1.53	34.31%
2013	2.05	34.31%
2014	2.75	34.31%
2015	3.69	34.31%

资料来源：河南省文物资源经济价值普查与重点调查统计结果，具体见数据获得方式。

数据获得方式：与文物资源直接相关的图书的数据采用普查方式，将调查表通过河南省文物局下发到全省各级文物单位进行填写。调查范围涉及到从省到县的各级文物资源单位。然后将填写资料汇总整理。与河南省文物资源相关的文学作品主要采取重点抽样的方法。

2006—2009年河南省文物资源拉动河南图书零售业增加值分别为0.029亿、0.022亿、0.068亿与0.069亿元。按2006—2009年的中间增长率，每年增长率33.50%，那么，“十二五”规划结束的2015年，由文物资源拉动的图书零售业增加值将达0.37亿元。与其他产业相比，河南省文物资源对图书零售业增加值拉动较小（见表3–2–18）。

表3–2–18：河南省文物拉动河南图书零售业增加值

时间	增价值（亿元）	年增长率
2006	0.029	0
2007	0.022	–24.24%
2008	0.068	209.09%
2009	0.069	1.47%
2010	0.092	33.50%
2011	0.12	33.50%
2012	0.16	33.50%
2013	0.21	33.50%
2014	0.28	33.50%
2015	0.37	33.50%

资料来源：根据表3–2–17与《河南文化产业发展报告》中的数据计算获得，过程见计算方法。

计算方法：2008年河南省图书零售业经营额为90.07亿元，图书零售业增加值10.12亿元，增加值率0.11（数据来源：《河南省2008年文化产业发展报告》）。由于2006、2007、2009三年的图书零售业总产值与增加值没有统计数据，因此假设以上三年的增加值率均为0.11。计算公式为：与河南省文物资源相关图书销售额×河南省图书零售业增加值率。

与河南省文物资源相关的图书主要分为三类：第一类是文物资源介绍类图书，主要是对河南省文物资源现有文物资源的介绍；第二类是学术类图书，主要是河南省文物资源的研究成果；第三类文学类图书，包括小说、剧本等作品。这类作品是对文物资源的深度加工，语言更加相对简单易懂，更有利于大众传播，因此发行量与销售额都很大。最近，全国出现了历史书热销的场面，但是与河南省历史文化相关的书却十分稀少，由河南省内作家编写或者省内出版社出版的图书更是少之又少。这与文物资源大省、文化大省的地位不太相符。这也是未来河南省文化产业发展的一个重要方向，与河南历史文化相关的文学作品种类增多了，影视作品的数量也会随之增加，影视作品的增加又会促进河南省文物资源的传播与宣传，像链条一样，环环相扣，层层递进。

5. 河南文物对河南文化产业的总体拉动

“十二五”规划明确提出要将文化产业打造成国民经济支柱产业，也就是文化产业增加值至少要占GDP的5%以上。2008年河南省文化产业增加值占GDP的比重为3.1%，而2008年河南省GDP值为18018.53亿元，要将文化产业的比重提高到5%，河南文化产业增加值就得达到900.93亿元。如果河南省整个文化产业今后5年里没有大幅的扩张及提速，继续按照当前的年增长率发展，到2015年“十二五”规划结束时的差距将更大。

总体上来看，文物资源对河南省文化产业的发展贡献不是很大。2008年河南省文化产业增加值为570.7亿元，其中靠河南省文物资源拉动的文化产业增加值为3.95亿元，占河南文化产业增加值的0.69%（见表3-2-19）。

表3-2-19：河南省文物拉动河南文化产业增加值（亿元）

时间	广告业	影视业	工艺美术品制造业	图书零售业	文化产业
2006	0.40	0.56	0.88	0.029	1.87
2007	0.64	0.69	0.99	0.022	2.34
2008	0.98	1.70	1.20	0.068	3.95
2009	1.62	2.69	1.31	0.069	5.69
2010	2.58	4.54	1.50	0.092	8.71
2011	4.11	7.66	1.71	0.12	13.60
2012	6.55	12.92	1.95	0.16	21.58
2013	10.44	21.80	2.23	0.21	34.68
2014	16.64	36.78	2.55	0.28	56.25
2015	26.52	62.06	2.91	0.37	91.86

资料来源：表3-2-10、表3-2-13、表3-2-15与表3-2-18。

尽管河南省文物资源对河南文化产业拉动的增加值较小，但是河南省文物资源对河南文化产业的贡献是逐年递增的，从2006年的1.87亿元增加至2009年的5.69亿元。（见表3-2-19、图3-2-8）因此，文物资源的拉动是河南文化产业增长的一个非常有希望的增长点。如果河南省依靠文物资源拉动文化产业增加值占全省文化产业增加值比例未来能够达到50%（目前许多发达家文化遗产对文化产业的贡献率超过了50%），那么河南省文物产业成为国民经济支柱产业的目标就可能更快地实现。

图3-2-8：河南省文物拉动河南文化产业构成图

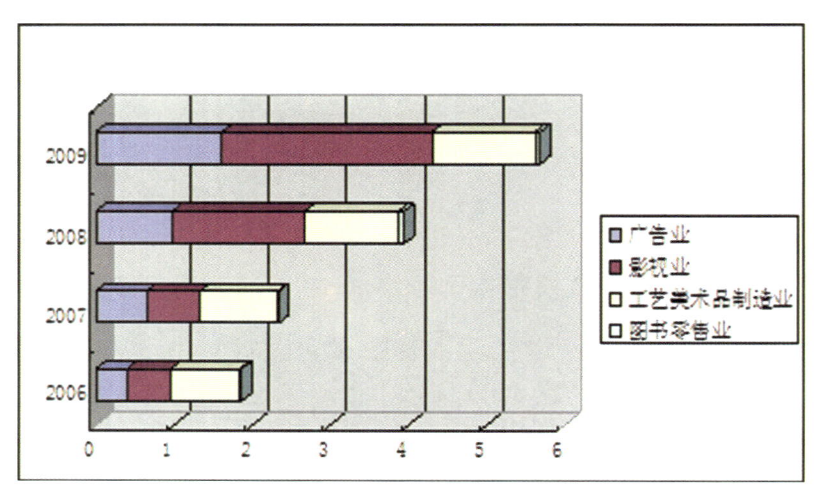

资料来源：表:3-2-10、表3-2-13、表3-2-15与表3-2-18。

尽管以上数据是在假设的条件形成的，但是可以在一定程度上说明河南省文物资源对文化产业贡献还有很大的提升空间，特别是河南提出从文化资源大省向文化产业大省跨越的目标之后，更需要重视文物资源与文化产业发展之间的关系，更需要努力保护，系统深入研究河南省文物资源，适度开发、合理利用河南省文物资源，大幅提高河南省文物资源对河南省文化产业的拉动，才能大幅扩张河南省文化产业在“十二五”规划时期的规模，大幅提升河南省文化产业的年增长率，最终达到“十二五”规划的要求。

在2008年河南省文物资源拉动河南文化产业构成要素中，影视业增加值占文化产业增加值的43%，工艺美术品制造业增加值占文化产业增加值的

30%，广告业增加值占文化产业增加值的25%，图书零售业增加值占文化产业增加值的2%（见图3-2-9）。通过构成比例可以看出，河南省文物资源拉动的文化产业分布结构相对比较均衡。但是河南省文物资源对图书零售业的贡献相对较小，特别是对文学作品类的书籍较少，图书出版业是当代文化产业及创意产业的重要组成部分。而丰富的文物资源及其蕴藏的历史故事与历史信息是文学创作的重要素材。政府可以制定优惠政策，扶持与鼓励与文物资源相关的文学创作，从就文物论文物的圈子走出来，开发相关延伸文化产品。将文学作品、影视作品与文物资源宣传有机结合。在调查中发现，对一些影响力不是太大的文物景观来说，影视作品与文学作品的普及比广告宣传与推广效果会更好。

以上是对河南全省文物资源对文化产业拉动的分析，但是各个市或县要通过文物资源来带动文化产业，一定要找准点，不要把其他地区现成的文化产业模式生搬硬套到自己文化产业发展中来。一定要根据现有文物资源的区域特点与优势来发展优势文化产业。

图3-2-9：2008年河南省文物拉动河南文化产业构成比例

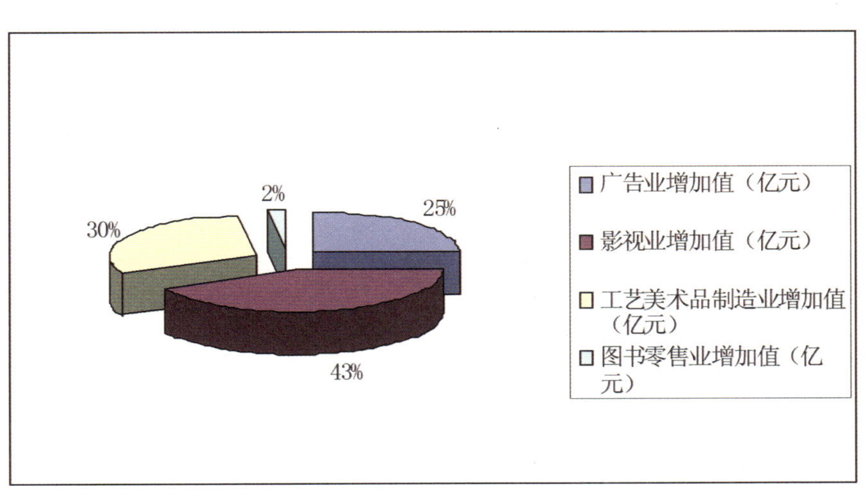

资料来源：表3-2-19中的2008年河南省文物资源拉动文化产业相关数据。

第三节　河南文物对国民经济的总贡献

一、河南省文物对河南省国民经济的直接贡献

河南省文物资源对河南国民经济的直接贡献是指河南文物业增加值。文物业增加值的统计范围局限在文物资源系统内，因此统计的范围较小，对河南经济的贡献也较小（见表3–3–1）。

表3–3–1：河南省文物业增加值

时间	增加值（亿元）
2006	2.14
2007	1.41
2008	2.81
2009	3.37

资料来源：《河南文物资源业统计资料》（2006–2009）。

2006—2009年河南省文物资源对河南省GDP的直接贡献率分别为0.017%、0.009%、0.016%与0.017%（见表3–3–2），对国民经济的直接贡献相对较小。如此小的贡献率，会使人们对文物资源产生误解，认为文物资源对国民经济的发展不会产生作用。甚至认为文物资源会对国民经济的发展产生反作用，只会向政府伸手要钱进行维护、维修与保护，不会带来经济价值与经济效益。其实，如此小的比例与文物资源的真实经济价值是不相符的，因此课题组改变传统估量文物资源价值的方法，将隐藏在深处的文物资源经济价值显现出来，使人们认识到文物资源保护与开发的重要性，使文物资源成为促进区域发展的引擎。

表3–3–2：河南省文物对河南省国民经济的直接贡献率

时间	文物业增加值（亿元）	河南省GDP值（亿元）	贡献率
2006	2.14	12362.79	0.017%

（续表）

时间	文物业增加值（亿元）	河南省GDP值（亿元）	贡献率
2007	1.41	15012.46	0.009%
2008	2.81	18018.53	0.016%
2009	3.37	19480.46	0.017%

资料来源：《河南文物资源业统计资料》（2006-2009）与《河南统计年鉴》（2006-2009）。

二、河南省文物对河南省国民经济的间接贡献

河南省文物资源对河南国民经济的间接贡献主要体现在河南省文物资源对不同产业的拉动。这些产业主要包括建筑业、旅游业、文化产业。从2006—2009年，河南文物资源拉动河南GDP值分别为262.85亿、330.56亿、384.54亿与422.50亿元，呈逐年增长的趋势（见表3-3-3、图3-3-1）。与河南省文物资源对河南国民经济的直接贡献相比，河南省文物资源对河南国民经济的贡献十分巨大。如此巨大的间接贡献不是对文物资源经济价值的无限放大。它们确实客观的存在，许多人特别是从事文物事业的工作人员，也意识到了文物资源对国民经济发展的贡献，只是没有将其量化罢了。课题组将过去只可意会不可言传的事实，通过定量的方法将其呈现出来。尽管不能完全真实地反映文物资源的经济价值，但是在一定程度上做到了相对客观、相对科学。

表3-3-3：河南省文物拉动河南省GDP构成

时间	拉动建筑业	拉动旅游业	拉动文化产业	拉动GDP值
2006	37.13	223.85	1.87	262.85
2007	35.19	293.03	2.34	330.56
2008	41.56	339.03	3.95	384.54
2009	54.82	361.99	5.69	422.50

资料来源：根据表3-2-4、表3-2-8与表3-2-19中的数据计算获得。

图3-3-1：河南省文物拉动河南省GDP构成图

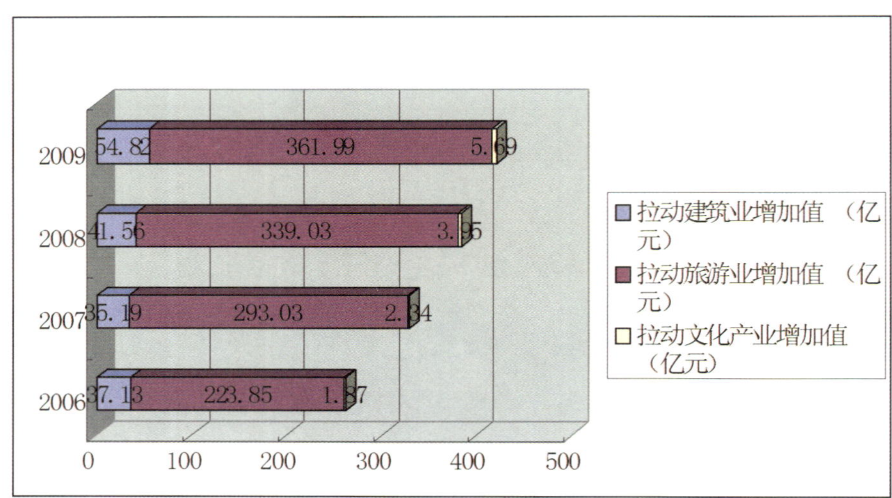

资料来源：表3-3-3中的河南省文物拉动河南省GDP构成。

2008年河南省文物资源对各产业拉动构成中，第二产业中的建筑业占11%，第三产业中跨类别的旅游业占88%，文化产业占1%。旅游在构成比例中，优势十分明显，由于旅游业的发展必须与文物资源紧密相连，对文物资源的具有较强的依赖性，如果旅游规模过大将会产生破坏文物资源的危险。也就是说旅游业是文物资源开发的最初级产品，要想使文物资源得到适度开发及合理利用，必须减小初级产品的比例。

“十二五”规划提出，为了进行经济社会转型，必须全力保护文物资源，传承民族优秀传统文化及社会主义先进文化，发展文化产业。河南省应该以“十二五”规划为关键契机，大力发展与文物资源相关的所有9大类文化产业类别，尤其是影视、图书、动漫、与文物资源相关的艺术品制造业等文化产业。文化产业与文物资源息息相关，不仅9大类别的核心与文物资源相符，而且其最深处的灵魂也来自于文物资源。这样既可以避免对文物资源形的破坏，又会使文物资源深层的隐形资源得到充分挖掘。从构成比例（见图3-3-2）可以看出，河南省文物资源对河南文化产业的拉动作用还是较小，但文化产业的发展是当今经济发展的一个必然趋势，政府不能仅仅停留在理念及口号上，必须将文化产业发展落到实处 ，充分发挥河南省丰富文物资源的优势，促进产业结构转型，使河南真正成为文物大省、文化强省。

图3-3-2：2008年河南文物对河南GDP拉动构成比例

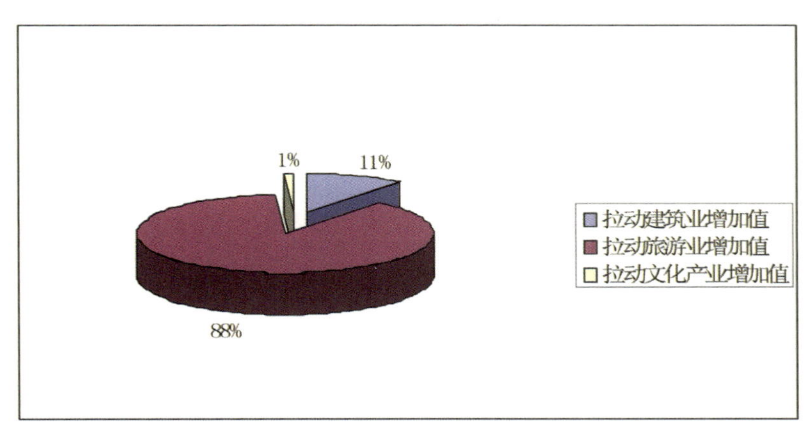

资料来源：表3-3-3中的2008年河南省文物拉动河南省GDP构成。

2006—2009年河南省文物资源对河南省国民经济的间接贡献率分别为2.13%、2.20%、2.13%与2.17%（见表3-3-4）。

表3-3-4：河南省文物对河南省国民经济的间接贡献率

时间	文物资源拉动河南GDP值（亿元）	河南省GDP值（亿元）	贡献率
2006	262.85	12362.79	2.13%
2007	330.56	15012.46	2.20%
2008	384.54	18018.53	2.13%
2009	422.50	19480.46	2.17%

资料来源：表3-3-3与《河南省统计年鉴》（2006-2009）。

三、河南省文物对国民经济的总体贡献

河南省文物资源对河南国民经济经济的总体贡献是河南省文物资源对河南国民经济直接贡献与河南省文物资源对河南国民经济间接贡献之和。2009年河南省文物资源对河南国民经济的直接贡献为3.37亿元，河南省文物资源

对河南国民经济的间接贡献为422.50亿元（见表3–3–5），直接贡献远小于间接贡献。而我们过去衡量文物资源经济价值的标准是文物资源对国民经济的直接贡献，忽视了巨大的间接贡献。

表3–3–5：河南省文物对河南国民经济经济的总体贡献

时间	河南省文物资源直接产生GDP值（亿元）	河南省文物资源拉动河南省GDP值（亿元）	河南省文物资源对河南国民经济的总体贡献（亿元）
2006	2.14	262.85	264.99
2007	1.41	330.56	331.97
2008	2.81	384.54	387.35
2009	3.37	422.50	425.87

资料来源：表3–3–1与表3–3–3。

2006—2009年河南省文物资源对河南国民经济的总体贡献分别为264.99亿、331.97亿、387.35亿与425.87亿元。2006—2009年河南省文物资源对河南国民经济总体贡献的走势类似于直线上升的（见图3–3–3）。这说明河南省文物资源对河南国民经济发展发挥着越来越重要的作用。

图3–3–3：河南省文物对河南国民经济的总体贡献

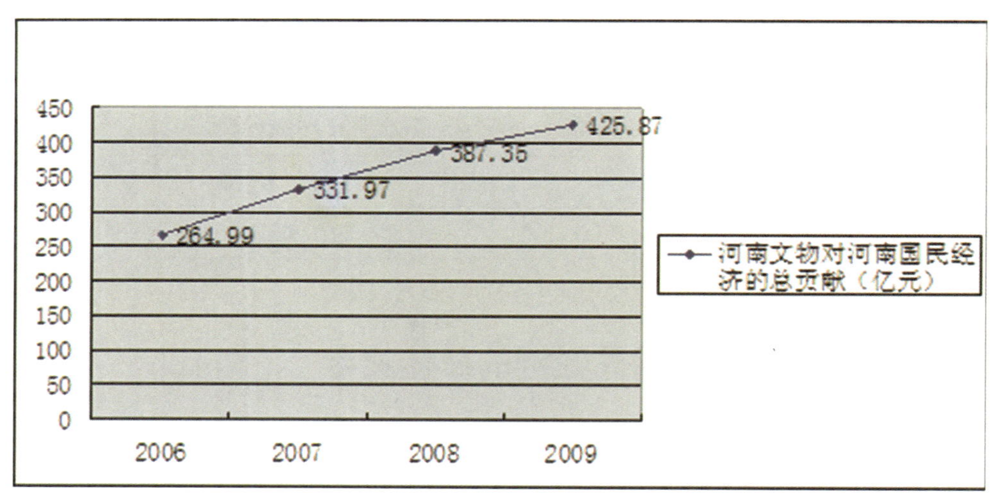

资料来源：表3–3–5。

2006—2009年河南省文物资源对河南国民经济的总体贡献率分别为2.14%、2.21%、2.15%与2.19%（见表3-3-6）。以2009年为例，河南省100元的GDP值中，2.19元是由河南省文物资源中贡献的。

表3-3-6：河南省文物对河南经济的总体贡献率

时间	河南省文物对河南国民经济的总体贡献（亿元）	河南省GDP值（亿元）	河南省文物对河南国民经济的贡献率
2006	264.99	12362.79	2.14%
2007	331.97	15012.46	2.21%
2008	387.35	18018.53	2.15%
2009	425.87	19480.46	2.19%

资料来源：表3-3-5与《河南统计年鉴》（2006-2009）。

通过上面的数据分析，课题组发现了河南文物在河南省国民经济中发挥着巨大的价值。列出一串串的数字不是定量研究的目的，课题的真正目的是通过定量研究使社会各界认识到当前文物保护与利用的重要性与迫切性。过去，由于缺乏系统的研究与定量分析，文物应有的经济价值长期被低估或被单向、片面认识。文物的经济价值未能得到充分体现，甚至会被降低，导致文物保护经费明显不足、科研经费更低。文物的合理利用应该尽快提上日程。

通过将河南文物对河南省国民经济贡献及贡献率的量化，希望认真加大对文物保护、维护与修复的资金投入，让正在消失或者将要消失的文物得到最好的保护，为未来的研究、利用打好基础。还可以为文物合理利用提供决策依据。通过以上分析可以解答以下问题：

第一，河南文物对河南省国民经济的直接贡献有多大？

第二，河南文物对河南省国民经济的间接贡献有多大？

第三，河南文物对河南省国民经济的总贡献有多大？

第四，河南文物会对河南省国民经济那些产业产生影响？

第五，河南文物对河南省那些产业的影响较大，对那些产业的影响较小，哪些产业的提升空间大，那些产业的提升空间小？

第六，河南文物对国民经济产生影响的产业结构是否合理？

第七，为什么文物对有的产业影响大，对有的产业影响小？

第八，现阶段，河南文物利用的重点产业应该是什么？

第九，如何处理好文物保护与利用的关系？

以上九个问题在河南经济价值分析中已经作了较充分的解答。通过对以上问题的解答，可以认识到河南文物利用的现状，作为未来制定政策的依据。这样就会避免政策的空洞、无序、不切实际，使政策具有战略性、指导性、实用性与可操作性。

河南省开封市河南留学欧美预备学校旧址大礼堂全景（左）
河南省济源市阳台宫玉皇阁龙柱（右）

第四章 河南文物的社会价值

河南省博物院

第一节　文物的社会价值理论

一、文物社会价值的概念

关于文物的社会价值，《中华人民共和国文物保护法》和《中华人民共和国文物保护准则》都有明确的概念和范畴说明，指出文物具有历史、科学和艺术三大价值。尽管这个定义是对文物社会价值的高度概括和科学规范，它也基本上涵盖了文物核心价值体系的各项内容，但是仍然存在着许多异议。历史价值和科学、艺术价值是两个不同的维度，历史价值是一个时间概念，科学、艺术价值则是内容概念。文物的历史价值里面也包括了大量的科学价值和艺术价值。因为“历史”的重要含义之一是指“历史过程本身”，不同时期的文物能从不同侧面或层面，反映当时的科学技术和文化艺术。也就是说历史价值中包括文物产生的那个时代的科学与艺术。因此，课题组在界定文物的构成时一定要区分评价标准的维度。另外，文物的社会价值不仅仅包括科学价值和艺术价值，还包括政治价值、教育价值、传播价值和感召价值。课题组根据合理的、科学的、严谨的分析，对文物的社会价值提出了属于中国的区分方法：一是按时间维度划分，文物的社会价值包括历史价值和现实价值。二是按照内容维度划分，文物的社会价值包括政治价值、科教价值、文艺价值、传播价值和感召价值。

历史价值和现实价值是一种纵向划分，政治价值、科教价值、文艺价值、传播价值和感召价值是种横向划分。历史价值中包括政治价值、科教价值、文艺价值、传播价值和感召价值等5种价值，现实价值中也包括以上5种价值。历史价值中的5种内容价值更多是对当时社会发展和社会状态的反映。现实价值中的5种价值更多的是对当今社会发展和社会进步的影响。由于历史学、考古学对文物历史价值中的5种内容价值已经进行了大量的深入的研究，因此本课题的文物社会价值部分将不再作重点说明。但是文物现实中的5种内容价值的阐述还属于空白，而且文物对当今社会发展的作用十分巨大，历史学家葛剑雄曾经指出文物的终极价值在于被后人解读。解读之后，将其蕴藏的丰富资源和信息运用于当今社会的发展中。基于以上原因，课题组对河南文物社会价值的评价仅仅涉及现实价值中的政治价值、科教价值、文艺价值、传播价值和感召价值等5种价值。也就是说河南文物对河南当今的社会发展具有多大作用，产生多大影响，贡献多少力量，从而为河南社会建设提供决策依据。

中国文字博物馆

二、文物社会价值的评估理念

文物的社会价值是一个抽象的、复杂的概念，与文物的经济价值相比，对它的评估难度较大。但是并非不可以对其进行评估，在许多的社会研究中，研究者对一些抽象层次较高的概念，以及主观性较强的人的态度、看

法、意见、性格等内容进行了成功的测量。由于这些内容的综合性，因此就不能用单一的指标对其进行测量，而是形成由多个指标构成的指标体系，对其进行综合测量。文物的社会价值也是如此，将其放在一个省份、一个城市内，因为这些区域都是有形的，都是有经验资料充实的。其实，即便课题组并未经过专门、细致的研究，人们特别是文物工作者对于文物的社会价值也有着粗略的判定，这说明人们认可评估文物社会价值的某些标尺，只是这种认识缺乏严密性和系统性。例如，游客在参观完一个文物景观之后对文物的评价，有的人会说“震撼”、“伟大”，有的进一步说“有教育意义”、“有指导意义”，有的甚至会说“有创造力”、“有凝聚力”、“有净化力”。在博物馆与景观调查过程中课题组经常会听到上面的评价，但是如果具体问为什么，可能难以回答。这就需要课题组利用具体的、具有说服力的，甚至可以量化的资料去支持课题组的观点，这也就是所谓的文物社会价值评价。

当然，绝对精确的量化文物的社会价值也是没有必要的，因为文物不仅仅是一件件孤立的文物藏品，也不仅仅是一处处单一的文物，它们深处蕴藏着无数的信息与资料。这就需要在适度的精确度上把握它，这个度也就是指定性与定量如何结合，文物社会价值一部分是通过数字、实物和具体的状态体现出来。例如，反映教育价值的参观人数，反映传播价值的媒体报道次数，反映文艺价值的影视作品数量等。另外，一件件文物藏品、一处处遗址古迹都是以物的形式体现出现的。而文物对当地居民的精神面貌、生活态度、人文氛围的影响是很难准确测量的。这就需要课题组制定相对客观的指标，这种指标也不完全客观，它在研究人员的设计下进行量化。例如课题组可以通过对指标进行问卷设计，进行社会调查，让被调查者进行填写。从而实现主观指标的客观化，通过科学的测量，课题组评估文物对河南社会发展的影响现状，从而为文物的保护与合理利用提供帮助。

三、文物社会价值指标体系

在第二章文物的经济价值部分，提到了文物经济价值的延伸作用。其实，这种延伸作用已经触及到了文物的社会价值。例如，文物对区域内人口素质的影响，从而提高了区域内的创造力与生命力；文物对人文环境的塑造，提供了安宁舒适的优越生活环境、社会环境与投资环境，从而提高了区域内的凝聚力与感召力。当然，以上的落脚点是经济价值，本章将更加深入探讨文物对区域民众、政界、商界、文化界、区域形象、对外传播力与感召力的影响。对这些方面的评价最有说服力的是区域民众、到河南旅游的游客和省外对河南有一定了解的民众。因此，在制定指标体系的过程中，课题组不仅征求了省内许多专家的意见，而且还对以上三个民众群体进行了大量的问卷调查，他们提供了大量的参考数据。当然，课题组也没有忽视区域政府部门的管理者，特别是文物行政部门的相关人员，他们工作在文物事业的第一线，对文物的社会价值有很多的认识和想法。在课题组与专业人士进行的

课题组在河南省洛阳市洛阳博物馆进行社会调查

大量座谈中，他们不仅提供了大量文物领域的真实情况，而且提出了大量专业与科学的意见与建议。从而使课题组的指标体系更加科学、真实、具有可行性与可操作性。

（一）文物社会价值指标体系的建构方法

文物社会价值评估的核心就是评估指标体系的结构。因为指标体系是文物社会价值的性质和数量的集中表现，在很大程度上决定着文物社会价值的总体效应。文物社会价值指标体系是由一组具有内在联系的指标组成的，是综合评估对象系统的结构框架。从社会价值这一总目标出发，逐级发展子目标，最终确定各专项指标。但是，每一项子目标和指标都与总目标或上一级目标的规定保持一致，而且各级子目标和指标不宜设计过多，要形成紧凑的，人们易于把握的体系。为了从整体上综合反映软实力的价值和便于操作，必须使指标体系实现科学性与实用性、完备性与可操作性、关联性与互斥性的有机结合。

指标体系是否具有科学性，关键取决于指标体系建立的方法。指标体系建立的方法主要受两方面影响，一是不同层次之间的关联性，也就是说上级指标是否包括次级指标，次级指标是否能准确反映上级指标。二是各级指标的自身的准确性与可操作性，特别是最低级指标的准确性与可操作性至关重要。针对以上两个方面课题组采取了两种方法，一是专家主观评定和比较判定，主要基于专家群体的知识、经验、直觉、智慧、推理、偏好和价值观的德尔菲法。其特点是匿名性，轮间反馈沟通和预测指标结果的统计特性。过程可以概括为：提出文物社会价值综合评估指标、选择专家经过几轮反馈过程，得出结果的处理和表达。二是将专家论证获得的指标体系进行试调查，课题组先后进行了三次社会调查，两次专业调查，根据前一次调查获得的数据进行分析，将贡献较小、关联度较弱的指标删除，将指标体系中没有涉及，在调查数据中比例较大的数据吸纳进来，直到选取出最佳指标子集。

（二）文物社会价值评价指标体系的框架

河南文物社会价值评价指标体系有三级指标构成，一级指标是文物的直接社会价值，另一个一级指标是文物的间接社会价值。直接社会价值是指欣赏价值，即民众对河南文物直接的观赏与享受，主要包括人们对文物的关注与评价。如果民众对文物漠不关心，就没有对文物的观赏与享受。只有民众对文物进行直接观赏，才有感性认识，才能提升到美学欣赏，最终获得了精神享受，这样，文物才能实现其直接社会价值，然后才能实现其中蕴藏的间接社会价值，产生社会发展动力。民众通过观赏与享受文物来实现其直接社会价值，进而通过对文物形成理性认知，经过研究、分析与思考，从中吸取政治、科技、教育、文艺、传播与感召等5种间接社会价值的信息，从而影响个人，乃至整个区域人群与国民的行为，实现文物的间接社会价值，最终形成社会发展动力，影响整个社会发展。这5种间接社会价值的二级指标，二级指标下面又包括18个三级指标（见表4-1-1）。

河南省登封市大唐嵩阳观纪圣德感应之颂碑

表4-1-1：河南文物的社会价值评价指标体系

评级内容	一级指标	二级指标	三级指标
河南文物社会价值	直接社会价值	欣赏价值	对文物的关注
			对河南文物的关注
			对河南文物的评价
	间接社会价值	政治价值	河南地方政府对文物保护态度
			河南地方政府对文物利用重视程度
			河南地方政府在文物保护、利用过程中对民生的重视
		科教价值	河南文物的科研价值
			河南文物对地方教育水平的影响
			河南文物对地方人口素质的影响
		文艺价值	以河南文物为介体的文化活动
			以河南文物为介体的影视作品
			河南文物对居民文化活动的影响
			河南文物对当地文化氛围的影响
		传播价值	国内外媒体对河南文物的报道
			河南文物参加外部展览次数与受众人数
			河南文物对河南整体形象的传播
		感召价值	河南文物对省外游客的吸引力
			省外居民对河南文物的认同度

四、指标数据的获取与分析方法

文物社会价值的所有数据均来源于北京大学现代中国研究中心主持进行的三种调查方式。三种社会调查分为普查、社会调查与专业调查，其中社会调查又分为省内居民调查、省内景观游客调查、省外城市调查三种形式；专业调查共走访河南省内18个地市的文物地点与文物管理保护机构，获取了大量的第一手资料。另外针对部分指标进行了网络搜索量的检索。

省内居民调查涉及城市为：洛阳市、开封市、禹州市、商丘市、淮阳县、永城市与安阳市、平顶山、许昌、焦作。省内景观游客调查涉及景观为：安阳市殷墟博物馆与中国文字博物馆、开封市铁塔公园与龙亭公园、淮阳县太昊陵、商丘市商丘古城、林州市太行大峡谷、焦作市云台山景区、洛阳市天子驾六博物馆、龙门石窟景区与关林景区、登封市中岳庙、嵩阳书院与少林寺、永城市芒砀山景区。为避免受访民众来源的片面化与课题研究的全面性、客观性与科学性，调查地点中除了文物景观，还特别选取了太行大峡谷、云台山景区等自然景观。省外城市调查涉及城市为：北京、上海、武汉、广州、哈尔滨。网络调查获取有效问卷2580份，省内居民调查获取有效问卷775份，省内景观游客调查745份，省外城市调查579份。

获得的资料分为两类：一类是可以量化的资料，这部分资料主要通过普查与社会问卷调查方式获得。另一类是文字资料，这部分资料主要通过专业调查获得。第一部分资料可以对其进行描述性统计，将问卷获得资料进行频数分析和相关分析。根据分析结果对河南文物社会价值进行客观、准确的描述，而且将不同市县的统计结果进行比较，将省内居民、省外居民、景观游

课题组在河南省洛阳市龙门石窟进行社会调查

课题组在河南省洛阳市关林进行社会调查

客对河南文物的社会价值评估进行比较。统计描述不仅提供了文物影响河南社会发展的现实资料，还对文物社会价值的属性及其不同要素之间的联系进行分析，通过统计描述还可以发现一些具有共性的问题和现象。第二部分文字资料可以对其进行提炼，对统计描述的现象和问题进行因果分析，预测文物影响区域社会发展的趋势，可以说是对定量分析的一种补充，因为文物的社会价值本身就是定性的，单一的量化分析必然会导致河南文物社会价值评估的失真，因此必须将定量分析与定性分析有机结合。

第二节　河南文物的直接社会价值

一、对河南文物的关注

对河南文物的关注主要是指省内居民对文物的关注（包括对与文物相关

的历史书籍、电视节目以及文物景观的关注）、省内居民对本地文物的关注（包括对本地文物的关注程度与参观过本地文物景观的数量）、省外居民对河南文物的关注（包括是否参观过河南文物、能说出河南有哪些文物与古迹）。河南文物社会价值得以体现的基础就是得到社会广大人民群众的关注与了解。关注河南文物的人越多，河南文物产生的社会价值越大，其社会价值越大，产生的社会动力越大，影响的领域、时间与空间就越大。下面分析省内居民与省外居民对河南文物的关注度有多大，不同关注度的背后原因是什么？

（一）省内居民对文物的关注度

当前我国的普遍问题是青少年与民众大多失去了在21世纪我国迫切需要的崇高信仰、高尚品德、创新思维与奋斗精神，导致了全民族创造力、生命力、凝聚力的下降，严重影响了中华文明对外的传播力与感召力。教育市场化诱导我国误入歧途，导致提倡崇高信仰、高尚品德、传统美德、推陈出新与艰苦奋斗的优秀民族传统文化与社会主义文化被教育边缘化，民族文明史、民族革命史、民族英雄史与革命英雄史遭到教育部门大幅淘汰；而鼓吹个人至上、拜金主义、物质享受与低俗娱乐的西方庸俗物质文明与市井低俗文化则在教科书中泛滥，西方文明史、西方掠夺史、西方霸权史与西方财富史在社会上大行其道，导致我国民众传统文化与社会主义文化日益淡薄，作为我国传统文化的物质载体——文物自然首当其冲。这样，民众对文物的关注度直接反映了区域民众对文物直接与间接社会价值的认识，间接反映了区域民众对传统文化的态度，也间接地反映了区域民众的凝聚力与区域文化的感召力，所以，课题组在社会调查中首先调查省内居民对文物的关注度。

省内居民对河南文物的关注时间是测量文物社会价值的基本指标。测量居民对文物的关注度不是居民关注文物的时间占居民每天24小时的比例，而是省内居民关注文物时间占业余时间的比例，因为每人每天约16个小时是工作与睡眠时间，只有8小时是居民的业余时间。因此本课题组将关注文物的时间界定为省内居民在这8小时中阅读与文物相关的书籍、观看与文物相关的节目以及游览文物景观的时间。调查数据显示，5%的省内居民对文物是不关注的，31%的省内居民对文物的关注时间占业余时间的10%以下，44%的省内居民对文物的关时间占业余时间的10%—30%，14%的省内居民对文物的关注时间占业余时间的30%—50%，6%的省内居民对文物的关注时间占业余时间的50%以上（见图4-2-1）。从调查数据可以看出，河南省内居民对文物的关注度还是比较高的，花费10%以上业余时间来关注文物的民众占到64%。

图4-2-1：河南省内居民对文物的关注时间

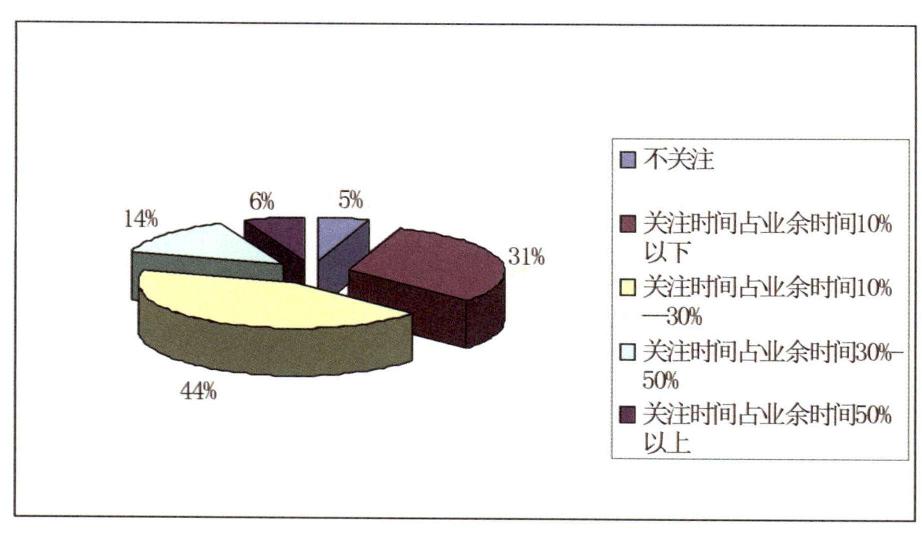

资料来源：省内居民调查问卷。

虽然有64%的省内居民对河南文物的关注度占业余时间的10%以上，20%的省内居民的河南文物的关注度占业余时间的30%以上，直接说明了多数省内居民还是比较关心河南文物的信息，愿意使用一部分业余时间欣赏文物，

河南省洛阳市伊川县彭婆乡许营村范仲淹墓（右）

河南省驻马店市驿城区古城乡李湾村杨靖宇故居（左）

也间接说明了河南省传统文化对省内居民依然拥有一定的凝聚力与感召力。但这只说明了表面情况，更重要的情况是省内居民如何了解河南文物，关注的文物内容是什么。因此，课题组要了解河南省内居民业余时间通过什么渠道了解文物，喜欢参与那些与文物相关的活动。所以在调查问卷中主要涉及了三项内容，分别是阅读历史书籍、观看电视节目或参观文物景观。调查数据显示，16%的省内居民业余时间喜欢阅读与考古发掘及研究文物的书刊，37%的省内居民业余时间喜欢参观文物景观，47%的省内居民更喜欢观看与文物相关的电视节目（见4-2-2）。不到六分之一的居民经常阅读考古及文物书刊，也就是说河南省内绝大部分居民业余时间选择阅读能力与思考能力要求较低的电视媒体来了解文物，这从侧面反映了省内考古及文物书刊的发行水平，省内居民的阅读水平、思考水平与文物欣赏水平，也反映了省内文物研究成果与公布情况不太理想。课题组认为，这样的考古与文物书刊发行量与居民阅读比例对区域教育的一个隐忧，因为考古与文物书刊的发行量是区域文化事业与文化产业等精神文明发展的重要数量与质量指标之一，而民众的阅读量与参与阅读的居民比例更是区域教育水平与文化素质的指标之一。因此，这是河南省政府与文物行政部门应该在“十二五”规划时期努力改善的一个方面。

图4-2-2：河南省内居民业余时间最喜欢的与文物相关的活动

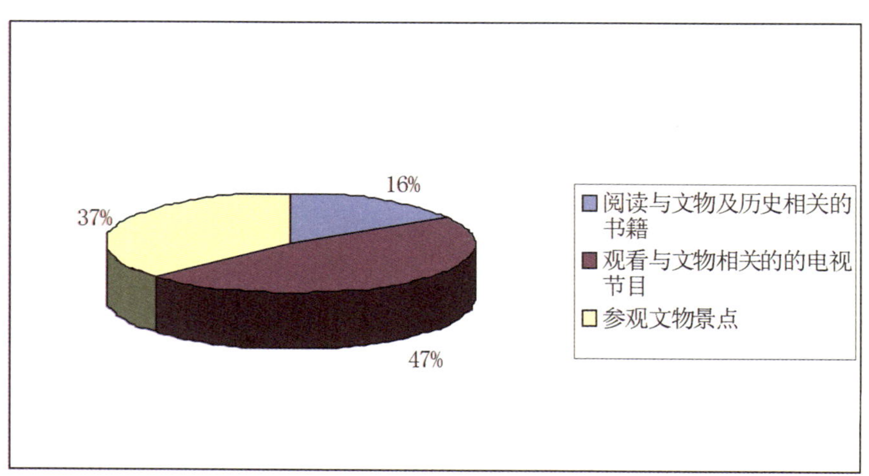

资料来源：省内居民调查。

河南省内居民大多数喜欢与文物相关的电视节目，那么他们喜欢什么类型的考古及文物电视节目是很重要的。当前全国各地的电视节目中与考古及文物相关的电视节目类型较多，问卷中按照其中知识性与趣味性涉及了5种节目类型，分别是古籍解读类（例如《百家讲坛》）、文化探索类（例如《走遍中国》）、考古发掘类（例如《探索与发现》）、艺术欣赏类（例如《国宝档案》）、收藏鉴赏类（例如《鉴宝》、《华豫之门》、《天下收藏》），5类节目的知识性逐步减少而趣味性逐步增加。在当今我国市场化、商业化与娱乐化浪潮中，庸俗文化在社会中大肆流行，自然越是后者，观者越众。课题组的调查数据也证实了这点，8%的省内居民喜欢观看古籍解读类节目，11%的省内居民喜欢观看文化探索类节目，19%的省内居民喜欢观看考古发掘类节目，21%的省内居民喜欢观看艺术欣赏类节目，41%的省内居民喜欢观看收藏鉴宝类节目（见图4-2-3）。收藏鉴宝类电视节目充分体现了当前我国在市场化、商业化及娱乐化中的文化现象，它们在省内各阶层居民中具有压倒性的影响力，这并非省内居民欣赏能力与区域文化健康发展的方向，并非文物社会价值与社会动力的正确体现。

图4-2-3：河南省内居民最喜欢观看的与文物相关的电视节目

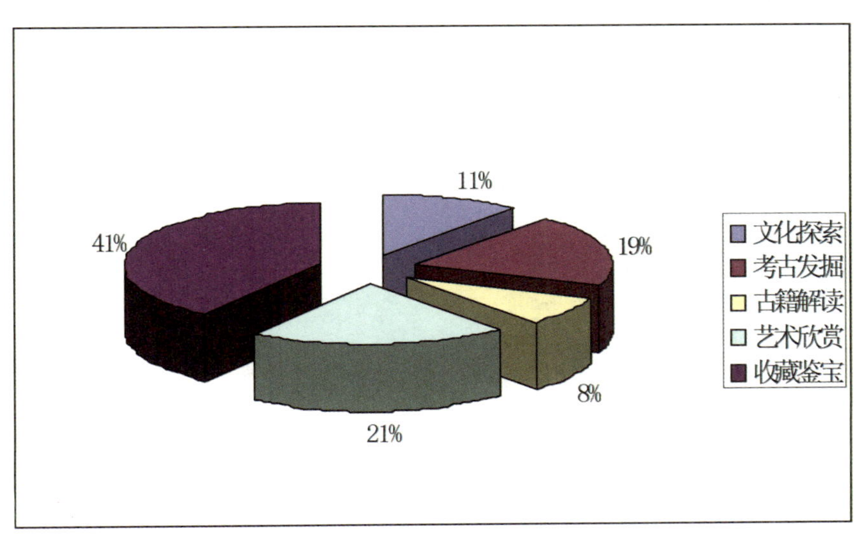

资料来源：省内居民调查。

通过省内居民对文物关注度的数据分析，课题组发现河南省内居民对文物的关注度较高，64%的省内居民对文物关注时间占业余时间的10%以上。从他们关注的渠道来看，大多数省内居民（47%）关注与文物相关的电视娱乐节目，而不是与文物相关的考古与历史类的书刊。从他们关注的内容看，大多数省内居民喜欢收藏鉴宝类节目（41%），注意力都放在了可移动文物的市场价值上，而较少关注可移动文物的欣赏价值、历史价值与社会价值，更少关注不可移动文物及相关知识。如果多数居民对文物的关注集中在与文物趣味性相关的娱乐性电视节目，特别是文物市场价格与投资价值相关的收藏鉴宝类节目上，那么这种关注就不是对文物本身社会价值的真正关注。

河南省居民大多数关注文物的市场价格与投资价值是可以理解的，而20%的居民仍然能够花费30%以上的业余时间来关注河南文物是难能可贵的。说明河南省不仅是我国地理上的中原，还是中华文明概念上的中原，区域文化资源与文物丰富，社会文化气氛较浓，民众文物欣赏能力较高，文化底蕴较深，文物对区域民众的凝聚力与感召力较大。

（二）省内居民对本地文物的关注

从前面的调查分析知道，当前我国受工业文明观与拜金主义思潮的强烈冲击，河南省内居民虽然对文物依然抱有比较浓厚的兴趣，但兴趣的方向已经由追求文物的社会价值转向追求文物的经济价值，由追求文物的欣赏价值与知识价值变成追求文物的市场价格与收藏价值。这样，省内居民对本地文物景观的认知度应该不会太高，因文物景观而产生的自豪感与凝聚力也不会太高。为了证实这样的推论，课题组也调查了省内居民随着经济生活条件的改善，对当地文物的关注程度是否会提高。调查数据显示，4%的省内居民没有去过本地文物景观，23%的省内居民去过本地10%以下的文物景观，22%的省内居民去过本地10%—30%的文物景观，17%的省内居民去过本地30%—50%的文物景观，34%的省内居民去过本地50%以上的文物景观（见图4–2–4）。

中原地区作为中华民族数千年来的文明中心，其文物的历史积淀与文化底蕴都很深厚，直接与间接社会价值都很高，在各个领域都具有很高的普及教育与学术研究价值，应该普遍享有极高的社会认知度。但从数据统计中可以看出，省内居民对本地文物认知度并不是很高，参观过50%以上本地文物景观的仅占居民数量的三分之一。可见，虽然省内居民对文物的关注度不是很低，但多数是出于对文物市场价格与收藏价值的兴趣，因此对本地文物的认知度不是很高，对了解本地文物景观的兴趣不是很高。一方面是本地优秀的文物景观资源大部分没有充分利用，只有51%的省内居民参观过30%以上的本地文物景观；另一方面是政府部门重视不够，文物行政部门资金缺乏，对许多文物景观的研究与宣传力度不够，使其社会知名度不高。不过，随着考古遗址公园等文物景观的深入研究与利用宣传，以及文物景观对本地居民的门票优惠，将会有更多的本地居民关注本地文物景观。在调查中，河南许多文物景观针对本地居民开始实施年票制，实施年票制之后，本地居民对文物景观的兴趣逐步增加，游览文物景观的次数也随之增加，对文物有更高的欣赏水平与价值认识，利用得比较好的文物景观甚至成为了本地居民日常生活中的一部分。因此，课题组有理由相信，随着民众对文物景观欣赏能力的提高，未来河南文物景观产生的社会价值与社会动力也将逐步提高。

图4-2-4：河南省内居民去过多少本地文物景观

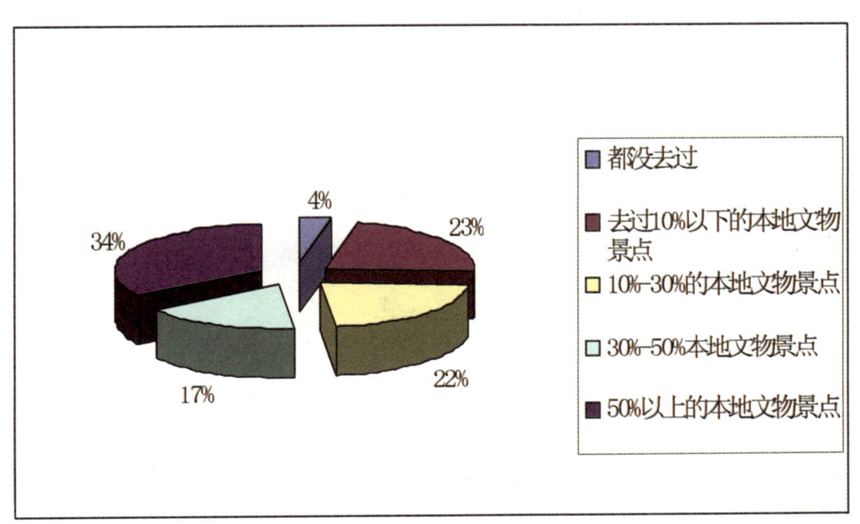

资料来源：省内居民调查。

目前河南省内居民对本地文物的关注度与欣赏水平都不是很高，本地文物产生的社会价值与社会动力依然较低。这主要与居民人均可支配收入较低有一定的关系。2008年河南省城镇居民可支配收入是13 231元，农村居民人均纯收入为4 452元，均低于全国平均水平。

随着河南经济社会的转型，区域绿色经济，尤其是以文物为基础的文化事业与文化产业的未来优势将日益明显。随着区域经济社会发展及人均收入的加速提高，河南民众对本地文物关注度会如何呢？针对疑问，本课题组调查了河南民众未来对本地文物的需求程度。调查显示，随着经济条件和生活环境的改善，有96%的居民会对历史文化及文物的关注程度会提高，只有4%的居民不会对历史文化及文物的关注程度会提高（见图4-2-5）。可以乐观地说，民众对河南文物的关注度和认知度将大幅增长，这样，河南文物真正的、健康的社会价值将大幅提高，改善区域民众的创造力、凝聚力与区域文化的传播力、感召力。

图4-2-5：随着生活条件的改善对本地文物关注是否会提高

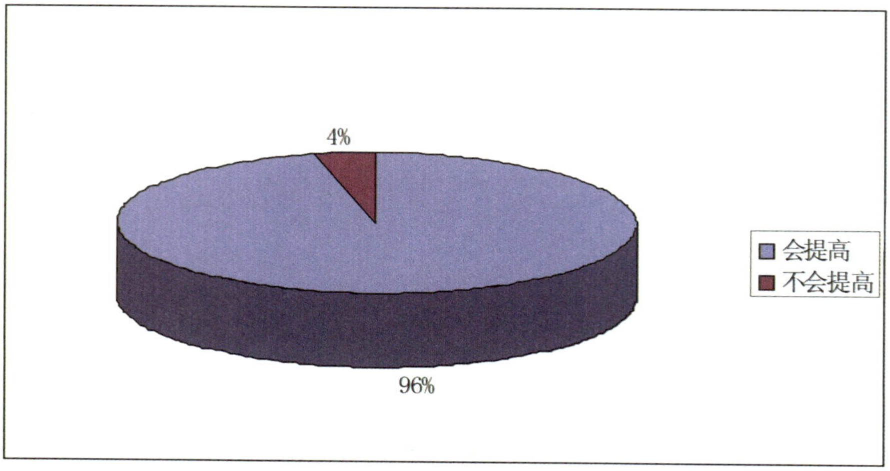

资料来源：省内居民调查。

（三）省外居民对河南文物的关注

河南是中华文明最重要的发源地，河南文物不仅是中原王朝历史地位的实证，也是中华民族产生创造力、生命力、凝聚力、净化力、传播力与感召力的最珍贵的文化财富。不仅河南人应该关注，全国人民也应该关注。那么河南省外到底有多少人关注河南文物，他们对河南文物的关注程度有多高呢？针对以上问题，课题组走访北京、上海、广州、哈尔滨、武汉5个国内超大型城市进行了问卷调查。选择以上5个城市的原因有两个，一是这5大城市分别代表了我国的五个区域（华北、华东、华南、华中、东北），二是跳出中原文化圈，将河南周边的山东、山西、河北、陕西、安徽排除，因为在景观调查中以上5省来河南旅游的游客最多，这样可以更加了解整个全国对河南的关注。调查结果显示（参考图4-2-6），在5大城市的抽查人群中有20%的居民参观过河南文物景观，有80%的居民没有参观过河南文物景观。其中上海35%的居民参观过河南文物景观，北京26%的居民参观过河南文物景观，武汉20%的居民参观过河南文物景观，广州12%的居民参观过河南文物景观，哈尔滨10%的居民参观过河南文物景观。

图4-2-6：五省居民参观河南文物景观情况

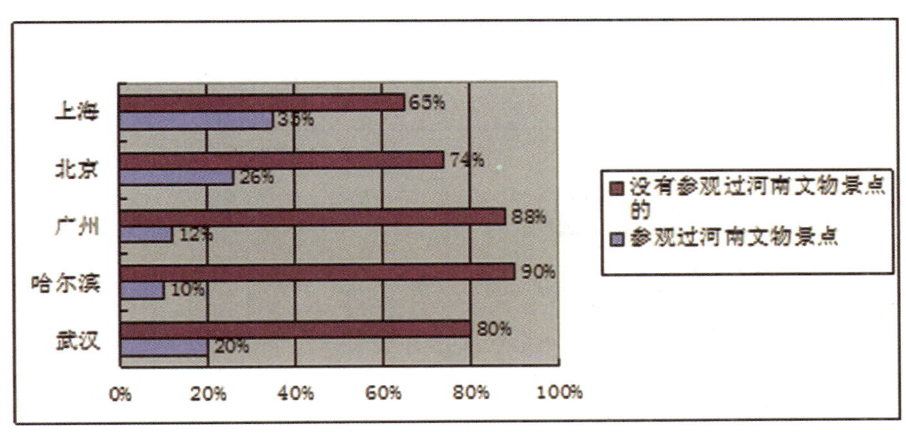

资料来源：省外居民调查。

省外居民是否参观过河南文物景观是衡量河南文物在国内民众心目中受关注的程度，是衡量河南文化的社会价值与社会动力，尤其是传播力与感召力的最基本指标。他们受许多客观与主观因素的影响而没有机会参观河南文物景观，客观因素有社会治安、经济能力、工作时间、交通设施等；主观因素有民族心理、文化程度、欣赏能力、兴趣爱好等。省外调查中也发现许多没有来过河南但对河南文物感兴趣

河南省少林寺游人

的人群，因此课题组在调查问卷中涉及了问题“你能说出河南有哪些文物”。调查结果显示（参考图4–2–7），5省平均来说，一个不知道的占18%，能说出一个河南文物的占32%，能说出2个河南文物的占28%，能说出3个及以上河南文物的占22%。其中北京与上海居民能说出1个以上河南文物景观的比例都高达97%，哈尔滨也高达96%，武汉达68%，最低的广州也有64%。

图4–2–7：省外五省居民对河南文物的了解情况

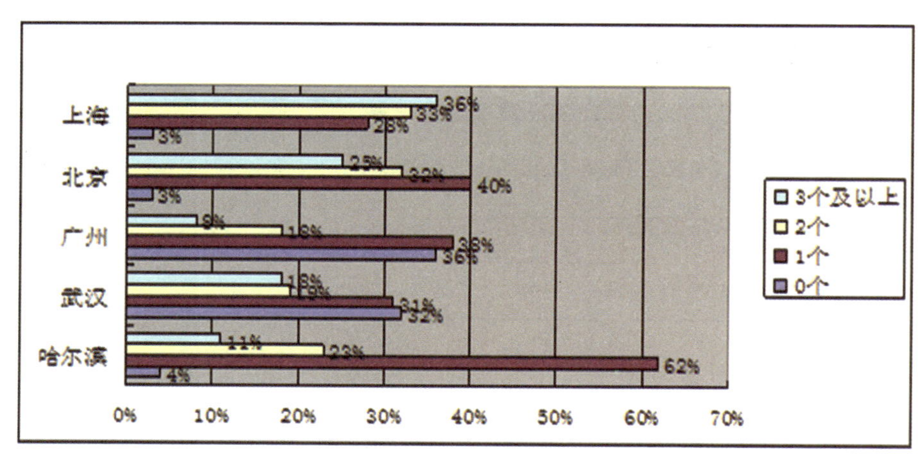

资料来源：省外居民调查。

通过上面的分析可以看出，以上5个超大型城市对河南文物的关注度最高的分别是上海与北京，上海35%的居民参观过河南文物景观，北京26%的居民参观过河南文物景观；上海居民能说出2个以上河南文物景观的占69%，比例最高，其次是北京居民能说出2个以上河南文物景观的占57%。以上两市居民对河南文物如此关注，主要有以下原因：一是从地理位置上看，北京、上海距离河南较近，广州、哈尔滨距离河南较远。二是从经济发展水平来看，两地经济发达，人均收入较高，文化消费需求也较高。2008年上海市城镇居民人均可支配收入为26 675元，北京市城镇居民人均可支配收入为24 725元，位于全国前两位。三是从文化发展水平来看，两地文化发达，文化气氛较浓，知识阶层庞大，文化素质较高，欣赏水平较高。四是河南旅游部门、文物行政部门、文物景区在北京、上海投入了大量的宣传、推广工作。例如北京地铁站有龙门石窟的广告，北京火车站有淮阳太昊陵的广告。对于河南省来说，上述原因中的前3个原因是客观原因，对其是无能为力的。但第四个是主观原因，应该是未来河南省的工作重点，要想使更多的省外居民关注河南文物，政府的宣传和推广是必不可少的。河南省应该把对文物的宣传与推广辐射到全国，乃至世界主要国家。调查数据显示，武汉、哈尔滨、广州三市居民能说出2个以上河南文物景观的分别占37%、34%、26%。这说明以上三市对河南文物还是有一定关注的，如果河南省加大对这些城市的宣传，必然会大幅提升河南文物的传播力与感召力，大幅提升省外居民对河南文物的关注度。

二、对河南文物的评价

要对河南文物评价，首先需要参观、欣赏与思考。课题组调查的对象主要涉及三个群体，包括省内居民、文物景观游客和来过河南的省外居民。衡量标准主要包括省内居民对本地文物保护与研究、利用现状的评价；省内居民对本地文物的认同；景观游客对河南文物保护与研究、利用现状的评价；省内游客对河南文物的认同；省外参观过河南文物的国民对河南文物保护与研究、利用现状的评价；省外游客对河南文物的认同。通过以上问题的调查分析，课题组会发现省内外居民对本地文物的现状看法如何，也会发现河南文物在游客心目中的形象如何。针对这些问题，河南省未来应该怎么做?

（一）省内居民对本地文物的评价

省内居民对河南文物的评价最具有说服力，因为文物，特别是不可移动的文物是他们居住环境与生活环境中的一部分，其保护与利用直接关系着当地居民的日常生活与文化熏陶。调查数据显示，1%的省内居民认为河南文物保护研究现状很差，2%的省内居民认为河南文物利用现状很差；各5%的居民认为河南文物的保护与利用现状差；46%的省内居民认为河南文物的保护研究现状一般，49%的省内居民认为河南文物的利用现状一般；33%的省内居民认为河南文物的保护现状好，31%的省内居民认为河南文物的利用现状好；15%的省内居民认为河南文物的保护现状很好，13%的省内居民认为河南文物的利用现状很好（见图4-2-8）。

图4-2-8：省内居民对河南文物保护与利用现状的评价

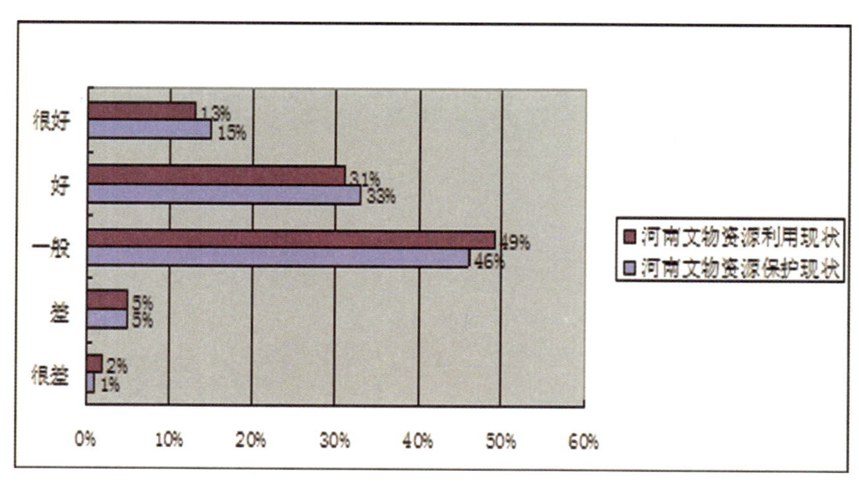

资料来源：省内居民调查。

从统计数据来看，河南文物保护与利用现状虽然不是很差，但还不太符合河南省的历史地位与文化地位，不符合中原文物的社会价值与社会动力水平。因为只有48%的省内居民认为河南文物保护研究现状好或者很好，有44%的省内居民认为河南文物利用现状好或者很好。而还有52%的省内居民认为河南文物的保护现状一般、差、很差；56%的省内居民认为河南文物利用现状一般、差、很差。前者是对河南省各级政府目前文物管理工作的肯定，后者是对当前文物管理问题的批评。课题组认为，作为中华文明发源中心与中原王朝京畿地区，河南省的文物保护与利用工作应该在全国独占鳌头，获得区域民众压倒性的，如80%的好评（根据帕累托定律）才符合其历史地位与文化地位，符合其社会价值与社会动力水平。

河南省鹿邑县老子故里娃娃殿（右）
太清宫圣母殿（左）

课题组在调查中还发现，目前文物保护与利用依然存在着很大的问题，河南省拥有异常丰富的文物，各地文物保护单位数量很大，但是专项配套资金与专业人才都明显不足，导致一些文物保护单位长久以来艰难度日，甚至年久失修。例如老子故里太清宫的圣母殿和娃娃殿已经成为危房，至今仍然没有维修，但在调查中却看到还有大量的香客到此烧香祭拜。另外，在当前城市化与新农村建设的浪潮中，一些地方为了部门甚至私人利益，不少基础工程，尤其是房地产开发工程在施工前完全没有经过文物行政部门的认可，有的甚至急功近利至刻意瞒报文物行政部门，导致文物遭受破坏甚至灭顶之灾，文物保护区受到侵犯甚至无可挽回的损失，使这些文物大幅地甚至永久地丧失了其蕴藏的社会价值与社会动力。这就需要河南省政府部门要协调好经济建设与社会发展，物质文明建设与精神文明建设，城市化建设与新农村建设，文物保护与利用之间的关系。

对文物保护与利用现状的评价不仅是对文物直接社会价值，如娱乐与欣赏价值的评价，更为重要的是对文物间接社会价值发自内心的心理认同。这是调查河南文物在河南省内居民心目中占有什么位置，为了明确这一问题，

课题组在调查问卷中设立了一个问题："你和外地亲朋好友谈起家乡时，您会推荐什么内容？结果令人振奋，47%的省内居民会推荐文物；22%的省内居民会推荐自然风光；16%的省内居民会推荐民俗风情；10%的省内居民会推荐城市容貌；5%的省内居民会推荐乡村生活（数据见图3-2-9）。如果考虑到民俗风情与乡村风情是依附于文物载体之上的民间传统文化，那么将有68%的省内居民会在谈及家乡时会推荐与文物相关的内容。由此可见，虽然受到一些负面影响，但文物在河南省内居民心中地位还是比较高的。这也是省内居民的一种区域历史积淀与文化底蕴的表现，是其区域文化认同感与文化自豪感的反映，这就是文物实现其社会价值与社会动力的关键。在大量的访谈中发现，洛阳人因龙门石窟而自豪，登封人因为"天地之中"古建筑群而自豪，鹿邑人因为老子故里而自豪，安阳人因为殷墟而自豪，禹州人因钧瓷而自豪。登封市政府每年免费组织中小学生游览当地文物，通过参观学习，一方面加深后代对当地文物的认知，培养后代对家乡丰富文物的自豪感，更重要的是通过文物的社会价值与社会动力提升城市软实力，加强后代对家乡的文化认同感与城市凝聚力。总之，对家乡文物的认知度与认同感，对家乡产生的文化自豪感与凝聚力，正是对文物核心价值与核心动力的最高评价。

图4-2-9：省内居民对河南文物的认同

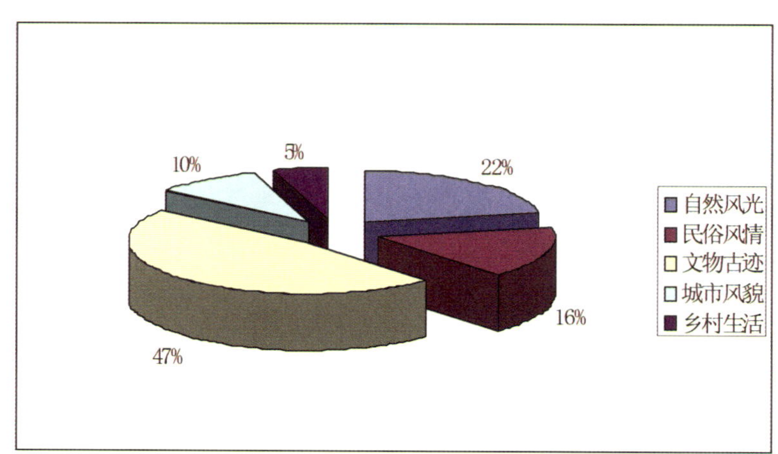

资料来源：省内居民调查。

（二）省外居民与景观游客对河南文物的评价

省外居民与景观游客对河南文物的了解程度可能不如省内居民的了解程度深，还可能缺少省内居民的感情，但是作为局外人，会抛弃个人的情感因素，更加客观地评价河南文物在全国的地位，更加正确地反映了河南文物在国民心中的直接与间接社会价值，以及包括凝聚力、净化力、传播力与感召力的社会动力。而且，省外居民可以将河南文物与所属地文物进行比较，通过比较可以发现河南文物的优势与不足。调查结果显示：1%的省外居民与景观游客认为河南文物保护与利用现状很差；4%的省外居民与景观游客认为河南文物保护现状差，2%的省外居民与景观游客认为河南文物利用现状差；29%的省外居民与景观游客认为河南文物保护现状一般，35%的省外居民与景观游客认为河南文物利用现状一般；40%的省外居民与景观游客认为河南文物保护现状好，41%的省外居民与景观游客认为河南文物利用现状好；26%的省外居民与景观游客认为河南文物保护现状很好，21%的省外居民与景观游客认为河南文物利用现状很好（见图4-2-10）。也就是说66%的省外居民与景观游客认为河南文物保护现状好或者很好，62%的省外居民和景观游客认为河南文物利用现状好很好，这个比例远远超出了省内居民的48%和44%。

为什么省外居民和景观游客对河南文物的保护现状和利用现状的评价高于省内居民的评价？据课题组的调查研究，一是省内居民对河南文物现状了解的程度更深，对存在的问题观察的更细，而省外居民或景观游客由于参观时间较短，对河南文物的现状了解程度相对较浅，对一些深层问题缺乏认识。二是省内居民对文物的保护与利用的期望值更高，因为当地文物的保护与利用与当地居民生活息息相关。例如文物保护与利用过程中的拆迁问题，文物的保护与利用对它们居住环境与生活环境的影响，以及文物与利用能否为当地居民带来利益，这些都是当地居民在评价过程中考虑的因素。三是对省外居民与景观游客来说，河南省丰富、优质、精美的文物很容易使他们产生发自内心的赞叹，使他们的心灵因中原地区的厚重历史、悠远文明、灿烂文化而产生巨大的震撼。且河南省部分地区在文物保护与利用过程中走在了全国前列，因此景观游客与省外居民将河南与其他省份比较时认为河南更有优势。

可见，河南文物对省外居民与游客产生了多大的正面影响而使他们对河南文物与文物景观产生了如此好的印象，并给予了如此好的评价。课题组在河南各市博物馆的参观者留言中深刻体会到丰富、优质、精美的馆藏文物在省内外参观者心中产生的巨大震撼力。无数热情洋溢的留言令人感动，不仅表达了观众对那些精美文物的欣赏与享受，对中华文明发源地保留下来的珍贵文物的赞叹、崇敬与热爱，同时也表达了他们因此而产生的强烈的民族自豪感与民族认同感，显示了河南文物蕴藏的巨大民族凝聚力与精神净化力。

图4-2-10：省外居民和景观游客对河南文物保护与利用现状的评价

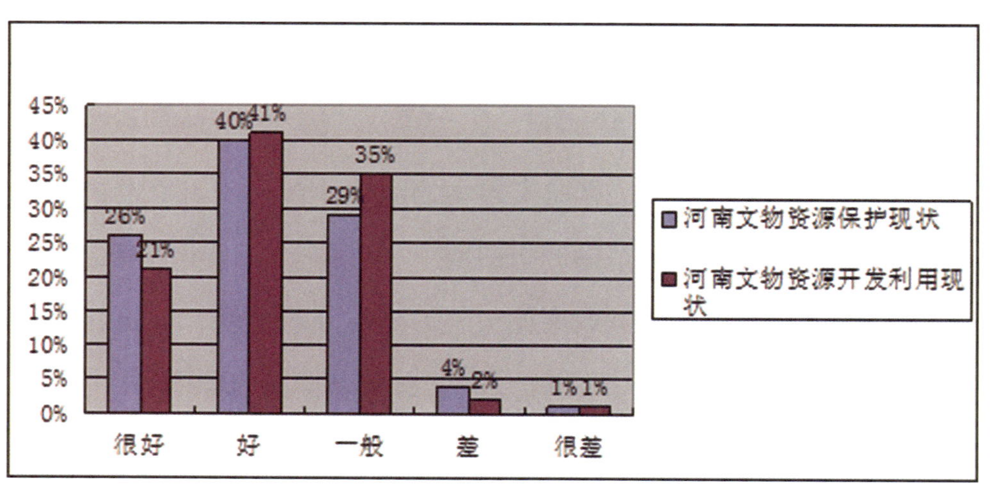

资料来源：省外居民调查和景观游客调查。

第三节　河南文物的间接社会价值

文物的间接社会价值是指文物通过民众实现了直接社会价值后再产生的其他社会价值。文物不会直接对社会发展产生社会价值与社会动力，而是通过影响广大民众来影响社会的发展。文物作为一种公共资源与产品可以为市民提供公共服务，作为文化资源的核心优质部分可以为社会创造良好的文化氛围与精神食粮，使民众可以从中直接汲取丰富的、优质、美好的精神营养与精神享受，使居民的心灵与情操得到健康的熏陶与理想的提升。而全社会通过广大民众可以从文物中获得政治、经济、军事、科技、教育、文艺与民俗各方面具有珍贵价值的信息与巨大的发展动力。

随着对文物的利用和文物知名度的提升，会有更多的人认识文物，认识文物归属的区域，这样有利于区域形象的传播，有利于文物发挥其巨大的、永续的社会价值与社会动力。文物是历史上物质资源与文化资源最优结合遗留下来的结晶，而河南作为五千年来中华文明的发源地，三千年来中原王朝的政治、经济与文化中枢，很多文物都是中华民族与中原王朝悠久历史与深厚文化的直接实证，因此它们既是全体中华儿女共同的物质财富与精神财富，对每一个中国人都有很大的凝聚、净化与感召力量，也是我国最重要的国家战略资源之一，对城市提升城市软实力，各省提升区域软实力，我国提升国家软实力都有很大的价值与动力。根据软实力理论，课题组把文物的间接社会价值分为政治价值、科教价值、文艺价值、传播价值和感召价值。

一、河南文物的政治价值

河南文物蕴藏着丰富的历史政治价值，这是中原文物特有的、深刻的历

河南省濮阳市颛顼帝喾陵（左一）
河南省巩义市北宋永昭陵（右一）
河南省濮阳市西水坡遗址（右二）

史价值。它们反映了中原地区在中原王朝中的政治核心地位。时至今日，中华民族每时每刻、每个地方的政治生活依然受到我国传统农业文明价值取向的支配与制约，这些深远的政治价值取向通过中原人的心理与行为渗透到中原地区的实际生活之中，也深深地渗透到中原地区生活品与艺术品当中。中华民族后人通过深入研究河南文物来可以清晰地了解中原地区各个历史时期的政治价值观，可以回顾中原地区社会的政治发展史。

课题组的该项指标中指向政府保护中华民族传统文化的意识，即对文物保护的态度；指向政府服务人民与建设和谐社会的政治理想与政治实践，即政府在文物保护、利用过程中让市民参与的程度，以及政府在文物保护、利用过程中对民生的关注程度。文物是不可再生资源，文物保护事关传承中华民族优秀民族文化与建设社会主义先进文化的基础工作，也是文物利用的前提，文物没有保护好，何谈利用。目前对文物保护与利用的研究与讨论越来越多，那么当前河南文物的保护与利用现状如何，文物的保护与利用是否得到了民众的认可，文物的保护与利用对河南民众的民生状况有何改善，下面结合调查数据重点分析。

（一）政府在文物保护与利用过程中的态度与作用

工业化与城市化的大跃进，给文物保护带来了极大冲击，文物所承担的压力和风险不断加大。在快速工业化与城市化进程中如何保护好文物，已成为迫切需要解决的问题。针对这些问题河南省各级政有时如何应对的呢，效果如何呢？在调查问卷中设立了问题“政府在城市（镇）过程中对文物保护态度？”调查结果显示，1%的省内居民认为政府在城市（镇）化过程中对很不重视文物保护，4%的省内居民认为政府在城市（镇）化过程中对不重视文物保护，37%的省内居民认为政府在城市（镇）化过程中对文物保护重视程度一般，44%的省内居民认为政府在城市（镇）化过程重视文物保

1987年出土了著名的蚌壳天文星图的
濮阳西水坡遗址现如今被水库所覆盖

护，14%的省内居民认为政府在城市（镇）化过程中很重视文物保护（见图4-3-1）。

从调查数据可以看出，58%的居民认为政府重视和很重视文物保护，说明河南省政府部门在文物保护过程中的贡献得到了一半民众的认可。但是，有42%的居民很不满意，这个比例依然太大，应该不超过20%才符合河南文物与文化大省的地位，说明河南省政府部门的文物保护工作还有很长的一段路要走，还需要大幅提高认识，加强政策、资金与人力的投入，大力提高文物的保护水平。在实际调查和访谈过程中，课题组发现了许多问题，证实了居民的评价是有依据的。（1）一些政府部门及地方领导不重视，为了部门甚至私人利益，常常把文物当成是工业化与城市化的障碍，把文物保护单位看成经济开发区与房地产开发的绊脚石，甚至直接干涉文物的抢救与保护工作。（2）文物行政部门普遍缺乏专业人员，许多县级文物管理所只有三五名在编人员，其余多是业余保护员。在文物普查时，尤其文物抢救时，人力捉襟见肘。（3）文物行政部门的保护经费太少，许多文物因缺乏资金至今闲置在缺乏保护条件的库房中，许多古村落、古镇在发现之后，保护资金远不到位，导致许多文物景观遭到破坏。（4）文物的管理机构不健全，体制不顺畅。

图4-3-1：政府在城市（镇）化过程中对文物保护的态度

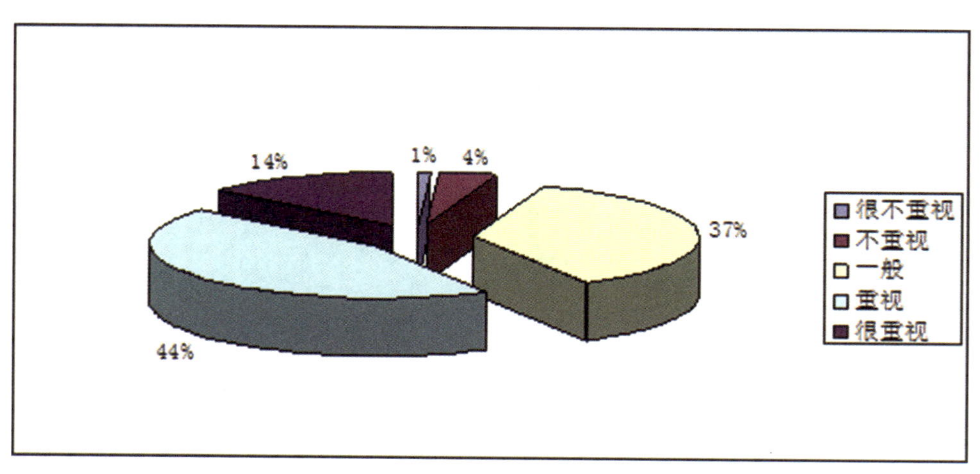

资料来源：省内居民调查。

政府对文物的保护态度比较重视，那么在文物的保护、利用过程中，是否让民众参与。因为文物保护与利用是公共管理的一部分，公共管理的一个重要特征就是参与主体的多元化，也就是说文物保护与利用的主体不仅仅是政府组织，还包括非政府组织、私营组织、民众等民间力量。针对这一特征，课题组在调查问卷中设立了问题“政府在文物保护、利用过程中让民众参与的程度如何？”调查结果显示33%的居民认为参与程度很小，38%认为参与程度小，17%认为参与程度一般，7%认为参与程度大，5%认为参与程度很大。也就是说71%的省内居民认为政府在文物保护与利用过程很少让他们参与，而88%的绝大多数认为不满意，只有12%的居民认为给了他们较多的参与机会。这说明河南省一些政府部门还没有认识到什么是“公天下”的政治理想，如何才能建设和谐社会，消弭“民变”的根源。

图4-3-2：省内居民在文物保护与利用过程中的参与程度

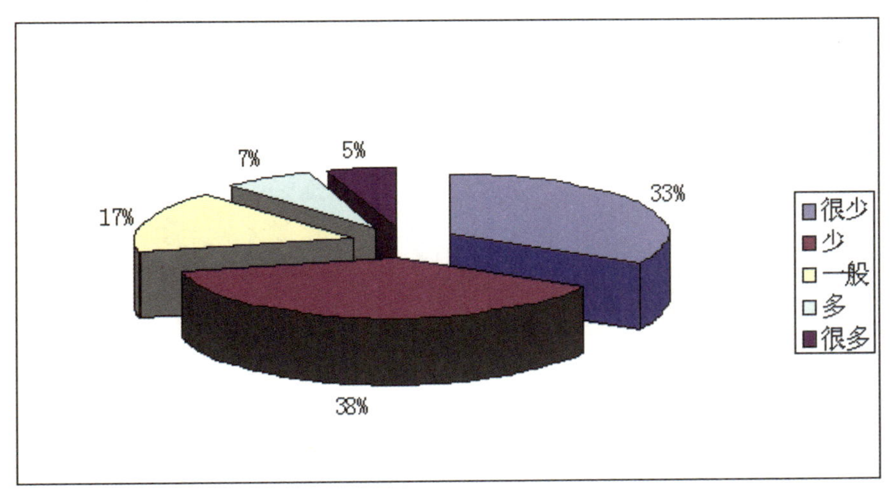

资料来源：省内居民调查。

以新乡市为例，分析民众在文物保护与利用过程中的重要性。

20世纪80年代中期开始，新乡市就建立了业余文物保护员制度，对全市

河南省新乡市文物保护者协会成立大会

的每一处未设专职保护机构的文物保护单位都聘请了责任心强、热爱文物事业的当地农民、教师、退休人员担任业余文物保护员，负责对田野不可移动文物的看护与巡查，在文物保护工作中发挥了重要作用。2007年新乡市又成立了新乡市文物保护者协会，是国内第一家由民间自发组织成立的以文物保护为已任的社会组织，目前协会会员200多人。文物保护者协会致力于文物的保护与宣传，把文物保护作为传承中华民族优秀文化传统、增强民族凝聚力，构建社会主义和谐社会的重要工作来对待。新乡市文物保护者协会开创了一条民间力量主动参与文物保护的有益道路，然而，文物保护者协会毕竟不是政府部门，只有微弱的监督权而没有任何执法权。

政府应该扮演一个主导者与引导者的角色，不断地鼓励居民对文物的保护与利用献言献策，并且及时对问题进行解决，从而获得居民的信任，促使了更多的民众参与进来，使更多的问题得到解决，使文物得到有效保护与合理利用。提高民众，尤其是官员的道德价值观与政治价值观，提高官员为人民服务的意识，提升民众的创造力与凝聚力，造福民众，共同构建社会主义和谐社会。

（二）政府在文物保护、利用过程中对民生的关注

文物的保护与利用与民生建设，文化建设，和谐社会建设都息息相关。如文物景观的开放，文化旅游的开发，都有力地推动了周边经济社会的发展，使当地居民得到实惠。但是，如果处理不当，文物的保护与利用也可能对居民带来负面影响，例如有些地处农村的文物，当地农民不能深耕土地，种植受到限制，地面建筑也受限制，生活水平比遗址外面居民有明显差距。另外，目前我国许多地区进行大遗址公园的建设，例如安阳殷墟，三门峡虢国遗址等，在建设过程中不可避免地会遇到拆迁、征地、种植、补偿等诸多政府工作问题，如果政府设计不当，处理不当，也可能导致较大的社会矛盾，影响社会和谐。面对这些问题，政府是如何做的呢？在调查问卷中，课题组设立了四个问题：（1）“你认为本地文物保护与利用是否提高了居民收入？”（2）“你认为本地文物保护与利用是否会增加了就业机会”（3）“你认为本地文物保护与利用是否改善居民环境？”（4）“你认为本地文物保护与利用是否提高了居民文化水平？”调查结果显示：37%、29%、56%、48%的省内居民认为本地文物保护与利用会提高收入、增加就业机会、改善居住环境和提高文化水平。63%、71%、44%、52%的省内居民认为本地文物保护与利用不会提高收入、增加就业机会、改善居住环境和提高文化水平（见图4-3-3）。文物是文化资源的核心，调查中大多数省内居民都认为它可以提高他们的文化素质，但这里为什么认为提高收入、增加就业机会、提高文化水平的省内居民比例都不到50%呢？其一，因为部分政府部门与官员

并没有认识到文物真正的经济价值与社会价值，存在急功近利思想，导致省内居民参与程度很低，文物的利用层次很低，只以旅游开发为主，只有从事与旅游相关行业的省内居民的收入水平会有所提升，主要包括住宿餐饮业、旅游品销售和交通运输业，而对其他居民的收入没有什么影响。其二，在文物保护与利用拆迁过程中，为拆迁而拆迁，仅仅考虑保证拆迁居民的生活条件，而没有考虑保证拆迁居民的生活环境与生产环境。

那么为什么认为改善居住环境的居民比例会超过50%呢？一是因为政府在保护与利用文物时会对其周边甚至整个城市的环境进行整顿，对道路、停车场、绿地与广场等基础设施进行建设或完善，使居民拥有一个更加舒适的公共居住环境。例如，开封龙亭公园的开发使当地居民拥有了一个休闲、放松的优美环境，特别是龙亭公园门前的广场，更是市民夏天乘凉的好场所。文物的保护与利用也为当地居民的文化活动提供了各种文化与体育活动的理想场所，也为市民相互交流学习提供了空间。例如，戚城遗址公园已经成为了濮阳市民晨练的首选、京剧票友、象棋棋友、合唱歌友集聚的场所，也是周末、假期居民观赏游览的好去处，更是中小学生道德修养提高的教育基地。

图4–3–3：政府在文物保护与利用过程中对民生的关注

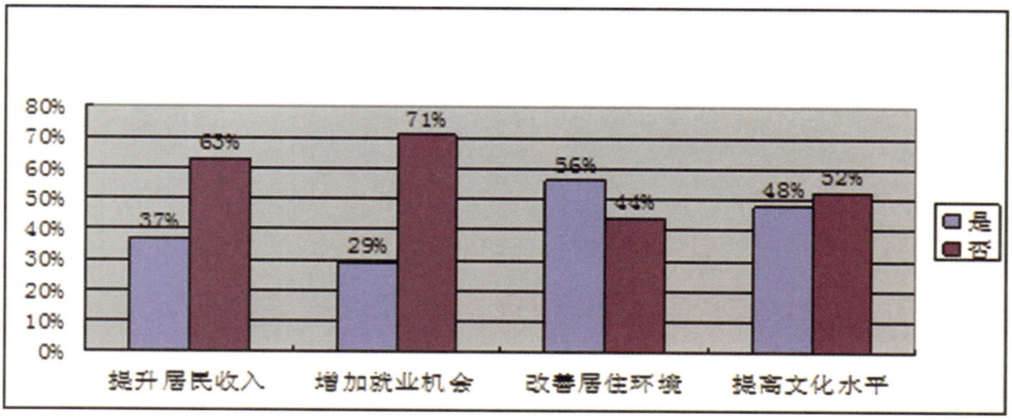

资料来源：省内居民调查。

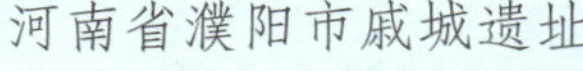
河南省濮阳市戚城遗址

河南省开封市龙亭公园

总之，河南省的文物作为东亚地区中古以前政治核心的物质载体，带有中国各个时代传统政治文化的深刻烙印，因而承载着各个时代政治与道德价值观。因此，河南文物上承载的各个时代的政治风气与道德风尚也是各个时代的政治与道德价值观，从文物上不仅可以看到各个时代政治风气与道德风尚的演变，也可以看到各个时代政治与道德价值观的演变，以及政治与道德的关系。给后人留下了淮阳太昊陵、新郑黄帝故里、戚城颛顼之墟、卫辉比干庙、南阳武侯祠、洛阳关林、周口关帝庙、虞城木兰祠、汤阴岳飞庙等具有巨大社会政治价值的，至今依然是广大国内民众与海外华人精神寄托的庙堂。

二、河南文物的科教价值

河南文物的科教价值主要包括文物的科技价值和教育价值。该部分主要是从文物的科研价值，文物对教育的影响、文物对居民素质的影响三个方面来论述和分析河南文物的科教价值。

（一）科技价值

中国自公元前20世纪跨入中原王朝时代至16世纪一直是世界科技创新舞台上的主角，尤其在秦汉时期、隋唐与宋元明时期，科技创造发明对世界的贡献率都远超50%。英国著名科学家李约瑟博士认为，“中国在3世纪到13世纪之间保持了一个西方所望尘莫及的科学知识水平”。但当国内外学者谈到中国传统农业文明对世界文明的贡献时，往往都会按照西方社会的认识提到中国古代的四大发明：造纸、印刷术、火药、指南针。其实中国对世界文明最大的贡献根本不是这四大发明。如果从人类未来生态文明发展的视角重新全面评价中国农业文明与西方工业文明，人们一定会发现，中国农业文明对人类文明史的贡献更大，而且，在人类文明的未来，其贡

河南省舞阳县贾湖遗址

河南省灵宝市西坡遗址出土大型房

献将更加意义深远。

在元代以前，也就是西方地理大发现之前，中国农业文明的经验型与生态型科学技术发展在世界上处于绝对领先的地位，其中成就最大的当属最能体现农业生态文明特性的天文学、地理学、气象学、物候学、数学、农学与中医学。从目前最新的考古资料来看，我国农业文明发源于拥有优越环境资源与生产资源的中原地区，成熟于拥有丰富的古代农学、天文学、地理学、物候学的新石器时代中晚期。从濮阳西水坡遗址发掘揭示的天文学资料来看，我国最晚在距今6 500年前已经掌握了成熟的天文学体系，而且该地正是仰韶文化鼎盛时期中原地区一个重要的天文观测基地。[①]《尚书·尧典》中帝尧“乃命羲与，钦若昊天，历象日月星辰，敬授民时。”证明我国在五帝时期的早期已经通过天文体系指导百姓的农业生产。

① 李迪、陆思贤：《天文考古通论》，上海古籍出版社2006年1月第1版，第5页。

案例：濮阳西水坡遗址是震惊我国天文学界、考古界与文物界的大发现，且不提五帝之一“颛顼之墟”与“中华第一龙”等大名带来的观光旅游的经济价值，遗址蕴藏的社会价值（政治价值、科技价值、教育价值与艺术价值）更加难以估量。我国的四象二十八宿天官体系与西方的黄道十二宫并列为世界两大天文学体系，而6 500年前的濮阳西水坡出现了四象二十八宿的雏形，向世界证明了其2 000年的领先地位。显示的北斗及二分图的M45号墓，南去20米显示冬至的二组蚌壳图，再南去25米显示夏至的第三组蚌壳图。三组蚌壳图，以及灰土带铺设的银河星象，充分显示了M45号墓主人的身份地位。6 500年前，他作为部落的长者与智者被尊为首领，他“时乘六龙以御天”，掌天文，管地理，负责观象授时，“沟通天地”而为王。[①]

河南省濮阳市西水坡遗址出土第一组蚌壳图

① 冯时：《中国天文考古学》，中国社会科学出版社2007年1月第1版。

文物之所以拥有科技价值，是因为文物作为历史遗留下来的遗物、遗迹，它从不同的角度与程度反映了当时人类的社会生产力水平、代表着那个时代最顶尖的科学认知水平与技术加工能力。登封观星台是我国现存最为古老的天文台，也是世界上最著名的天文科学建筑之一，其中矗立着古老的周公测景台，在世界天文史、建筑史上都有很高的价值。《周礼·地官司徒》中记载周公在阳城“以土圭之法，测土深，正日影，以求地中”，阳城正是告成镇。它反映了我国天文学、气象学与物候学的起源极早，在天文学上的卓越成就。几乎所有的旧大陆古老文明中心都很少记载发生在该地区的气象与物候现象，唯独华夏先人在高度发达的生态农业文明中独树一帜，为后代留下了恒河沙数般的无比珍贵的史籍资料。

河南省登封市周公测景台

针对这些蕴藏如此丰富科技信息的文物，最好的方式就是对其进行系统的、深入的学术与实证研究。根据课题组的综合调查数据显示，全省文物系统2005至2009年间，平均每年承担30项文物科研课题，发表正式学术论文600余篇，申请专利及各类专著100多项。另外选取河南文物各个类别中具有代表性的文物点与藏品，分别在维普与CNKI进行搜索，每一个检索词所获取的检索量取平均数，取所有平均数的相加值作为“以河南文物为主题的论文数”。根据前文所述的调查与计数方法，所得最终结果为12 484条。如此丰富的文物学术成果，与河南省较强的文物学术研究队伍分不开的。据《河南文物业统计资料》显示，2009年河南省共有文物机构257个，从业人员8 438人，其中高级职称者334人，中级职称者863人，二者共占从业人员总数的14.19%。五年间文物系统发表正式论文600余篇，就中高级职称者而言，平均每人每两年发表一篇。从期刊网搜索的论文数量来看，约为文物系统发表量的21倍，其中涉及范围涵盖天文、气候、地质、地理、土壤、植物、动物、医学、农业科技、制作工艺、传统手工艺等多个当代领先的科学领域。可见，文物系统内与系统外的研究者与爱好者都正在积极努力地从文物中挖掘蕴涵的科研思维模式与科技信息。

以龙门石窟研究为例来说明河南文物的研究价值以及文物的跨学科研究。

20世纪是龙门石窟学术研究迅速发展的百年，学术专题研究涉及中外关系史、民族史、艺术史、佛教史、考古学、环境文化学、技术研究等不同领域。1.龙门石窟与中外关系史的研究，包括《龙门所见中外交通史料初探》、《华严宗三祖康法藏身身世的新资料》、《龙门石窟造像遗迹所反映的北魏世俗生活面貌》等。2.龙门石窟与中古民族史研究，研究成果包括《从龙门石窟造像遗迹看北魏民族关系中的几个问题》、《龙门石窟魏唐碑铭所见民族史料集绎》、《龙门石窟与北方民族文化》等。 3.龙门石窟与

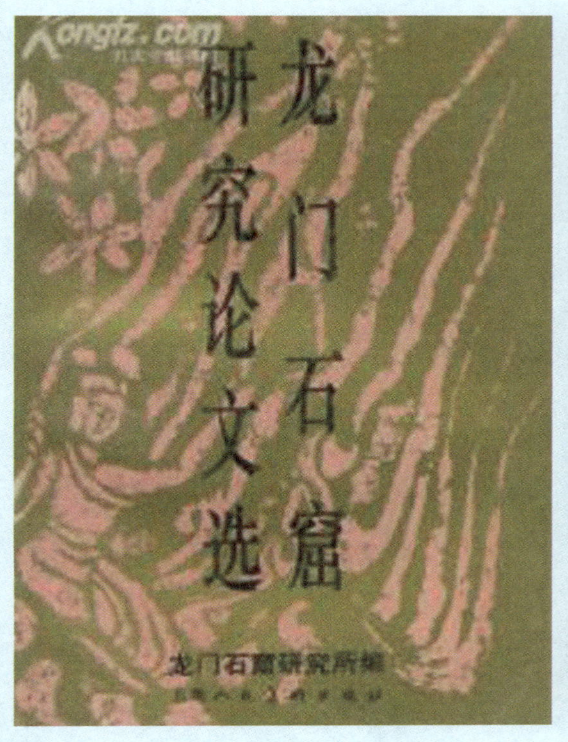

龙门石窟研究论文选

龙门石窟研究所出版物图片

东方艺术史研究，研究成果包括《北朝佛教史研究》、《龙门石窟艺术》、《南北朝佛教的深入传播与佛教雕塑艺术的发展》等。4.龙门石窟的考古学研究，学术成果包括《龙门石窟唐代造像的分期与类型》、《洛阳龙门双窟》、《洛阳地区北朝石窟的初步考察》等。5.龙门石窟的环境文化学研究，学术成果包括《洛阳龙门香山寺遗址调查与试掘》、《龙门奉先寺遗址调查》、《从出土文物看中古时期龙门地区的区系文化聚落》等。6.龙门石窟的佛教史研究，学术成果包括《北魏石窟中的“三佛”》、《从龙门造像铭记看唐代佛教》、《从龙门造像史迹看武则天与唐代佛教之关系》等。

（资料来源：《洛阳工学院学报》2001年第1期）

（二）教育价值

1. 文物对教育环境的影响

中原地区的文物不仅承载了中华民族发源地的文明，更拥有中华文明强大的教化功能。文明的第一个目的是通过丰富的文化财富使国家民众获得全面的教化机会，达到文明社会的要求。中原地区是我国历史悠久的文化中心，中原文物是我国文物精华中的精华，所以中原文物拥有我国强大的教化作用。正如《诗经》中说："美教化，移风俗。"① 教化做得好，社会各界移风易俗，弘扬正气，就能消除官场腐败、产业奸诈、社会动荡，形成良

河南省兰考县焦裕禄烈士墓（左上）
河南省洛阳市二程故里诚敬门（左下）
河南省漯河市许慎墓（右）

① 《诗经·周南·关雎序》，《文津阁四库全书·经部》，商务印书馆。

好的社会风气，达到《礼记》提出的“故礼之教化也微，其止邪也於未形”的效果。中原文化资源与文物拥有全面的、强大的、健康的、较符合中华民族需求的政治道德教育功能，只要善加利用，必能大幅提高区域的政风、行风、教风、学风与民风水平。

河南文物对河南的教育环境与教育质量有多大的影响？这是一个很难的问题，尽管难以操作，课题组还是尽可能地将这一价值体现出来。因此，在问卷中设立了问题“不同市区文物存量与教育环境、教育质量的关系？”由于全国重点文物保护单位的数量对文化氛围的影响巨大，因此不同市区的文物存量仅涉及全国重点文物保护单位数量。进行比较的地级市包括开封、洛阳、安阳、焦作、商丘、平顶山、许昌。调查结果显示，除了平顶山市之外，文物存量与教育环境的评价基本上呈正相关关系，也就说文物存量的大小对教育环境具有一定影响（见图4-3-4）。当然，平顶山市文物存量与教育环境之间的负相关系，可能受教育政策、教育资金投入等因素有关。因为教育是一项综合事业，需要政策支持、财政支持和社会各界共同关注。

图4-3-4：文物存量与教育环境的关系

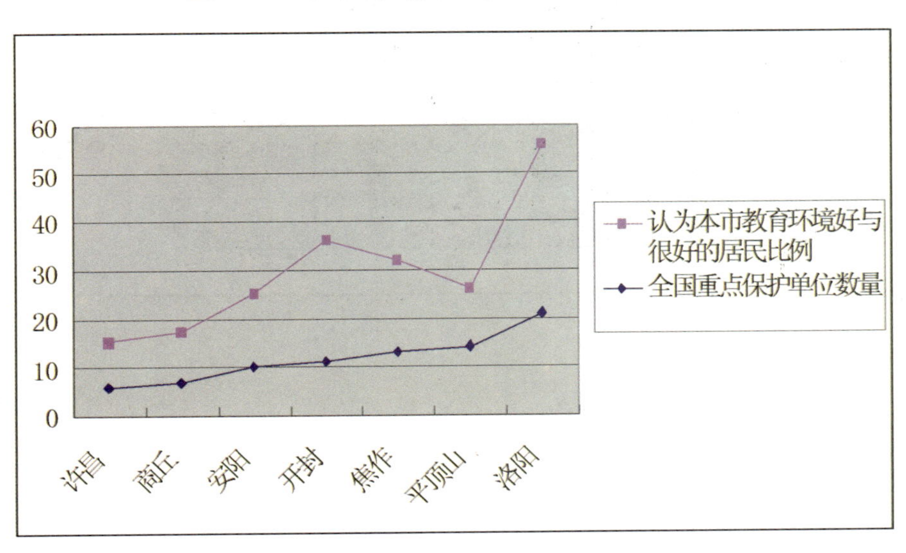

资料来源：省内居民调查。

2. 文物对居民素质的影响

文物对居民素质的影响包括三个方面，一是对青少年道德教育的影响、一是对职业教育的影响、一个是对专业人才培养的影响。首先看一下，省内居民和景观游客对文物与人口素质之间的关系如何评定的？针对此课题组在景观调查和省内居民调查中设立了问题“您认为本地文物对人口素质的影响程度如何？”调查结果显示，12%的省内居民和6%的景观游客认为河南文物与人口素质之间没有关系；41%的省内居民和37%的景观游客认为河南文物对人口素质的影响程度一般；26%的省内居民和35%的景观游客认为河南文物对人口素质的影响程度较深；21%的省内居民和22%%的景观游客认为河南文物对人口素质的影响程度很深（见图4-3-5）。也就是说有接近50%省内居民和超过50%的景观游客认为河南文物对人口素质具有较大影响。下面课题组从对青少年教育、职业教育与专业教育三个方面来论述河南文物对人口素质的影响。

图4-3-5：河南文物对人口素质的影响程度

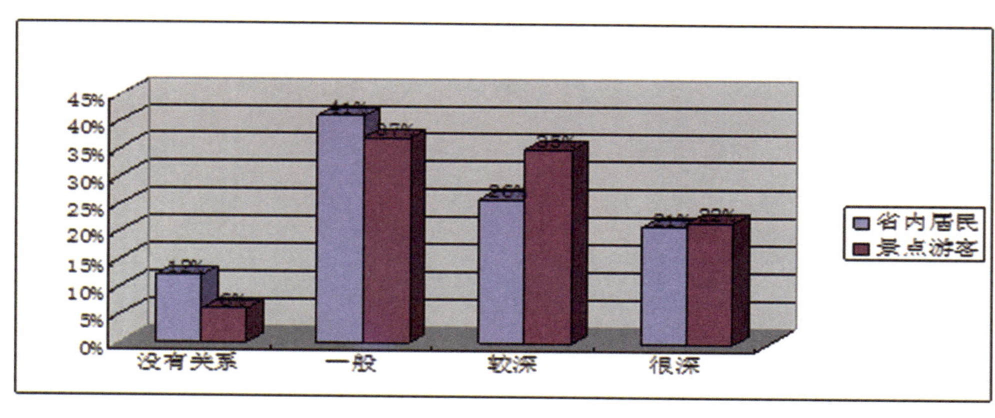

资料来源：省内居民调查。

（1）文物对青少年教育的影响

文物涉及天文、地理、哲学、宗教、历史、文学、艺术、工艺、民俗等广泛的知识与经验，是十分丰富的教学资源。另外，文物还可以使青少年感受到中国传统文化的魅力，激发民族自尊心和自豪感，培养爱国主义精神。还可以提升文化涵养和素质，陶冶情操，增强艺术鉴赏力，丰富精神生活，提高思想道德水平。对于正处在价值观形成时期的青少年，文物是最生动、最深刻的教材。根据《河南文物工作情况调查表》的数据显示，河南省共有文物类教育实习基地108处。2005—2009年河南省分别有154.2万、194.1万、255.1万、491.52万和701.7万青少年参观各类教育基地，呈逐年递增的趋势（见图4-3-6）。在参观人数逐年增长的同时，各类教育基地还存在着一些问题。在实地调查中发现，各地的爱国主义教育基地，不管是战争遗址、名人故居，还是烈士陵园，甚至一些著名的历史史迹纪念地，除了在学校组织集体活动时才会出现一点热闹的气息，平时大部分时间都是静悄悄的，周末、暑假、寒假自发去参观教育基地的人数十分稀少。

河南省光山县吉鸿昌旧居

河南省孟县韩愈墓

案例：郑州“二七”纪念馆在当前经济发展模式中被商业化与市场化的社会边缘化，但纪念馆工作人员怀着对革命先烈的崇敬心情，通过顽强的拼搏精神，积极地为在过度商业化与市场化的社会中感到迷茫与失落的社会各

界提供革命传统教育，仅在2010年就举办了50场展览，在广大院校师生与社会民众中深受欢迎，引起热烈反响，起到了良好的社会净化作用。

河南省郑州市二七纪念塔

图4-3-6：2005—2009年河南省参观各类教育基地的青少年数量

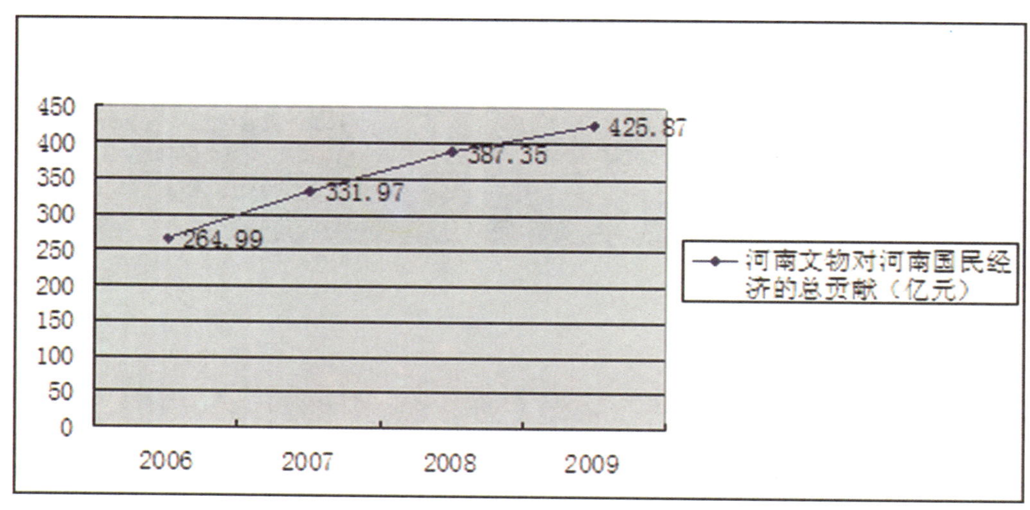

资料来源：《河南文物工作情况调查表》。

（2）对职业和专业教育的影响

文物对职业教育的影响，主要是许多文物成为了大中专院校的实习基地。他们从文物中吸取灵感、挖掘艺术、提高能力。例如禹州的钧瓷吸引了大量陶瓷专业实习生，郏县的临沣寨、巩义康百万吸引了大量建筑专业和美术专业的学生实习写生；龙门石窟、安阳殷墟吸引了许多摄影专业和影视专业的学生在此摄影或采风。以禹州神垕镇为例，每年都有大量的学习陶瓷专业的学生来此实习，几乎每一个作坊里都有他们的身影。在调查中，许多实习生认为在这里学到了大量无法在学校里学到的东西，特别是神垕钧瓷古老的手工艺术。

文物对专业教育的影响主要是文物对专业人才的需求，“人才战略是第一战略”。能否建设一支体系完备、结构合理、素质优良的工作队伍，是关系到文化遗产保护事业兴衰成败的关键所在。高等院校作为培养高端人才的主要途径，在文化遗产保护教育工作中可谓重中之重。当前，我国已有20余所高等院校设立了考古学、博物馆学等专业，培养大专、本科、硕士和博士

河南省郏县临沣寨朱紫峰宅院

等各个层次的专业人员，向文物系统输送了大批优秀人才，成为文化遗产保护事业的中坚力量。[①] 在调查中发现，文物行政部门特别是基层文物行政部门人员紧缺，学历较高的工作人员更是较少。河南文物局也意识到了这一问题，一方面对现有人员进行培训，根据《河南文物工作情况调查表》统计，2009年河南省举办文物培训班数量88个，接受培训的人员数量1897人。另一方面，加大了引进人才力度，与院校、科研单位等机构联合培养人才。

文明使社会文教昌明，使国家拥有强大的国家软实力，使地区拥有强大的区域软实力，使城市拥有强大的城市软实力。中原地区是我国历史最悠久的文明中心之一，中原文化博大精深，中原文物自然具有优越的教育感化作用，蕴藏着强大的国家软实力与区域软实力资源。中原文物利用的好，对内“教化劳耶？开导末世，实此为冀”，[②]大幅提升国内与区域民众的创造力与凝聚力。

三、河南文物的文艺价值

中原地区从新石器时代至北宋一直是我国农业文明的文化中心，区域内的文学艺术成就自然也是我国文学艺术的集大成者。远在8 000年前，中华民族的各地先民已经开始认识音乐与创造乐器。到了新石器时代晚期，中原文明已经创造了多种多样的乐器。古乐器的品种与地域多样性向世界展示了中华民族伟大的音乐智慧与乐器创造力。裴李岗文化时期的中原先民在日常劳动中与物候观测中创作了人类最早的乐器与音乐，如舞阳贾湖的先民用丹顶鹤尺骨制作的骨笛具备七声音阶结构，是当今世界最古老、个数最多，仍可演奏的乐器，打开了中华民族古老而独特的音乐殿堂，为形成独步世界的中华民族音乐、乐理与乐器体系夯实了基础。仰韶时期的中原先民在裴李岗文化的基础上，在生活与劳动中创造了举世瞩目、璀璨多姿的仰韶彩陶文化。

① 单霁翔：《用教育推进文化遗产保护》，《中国艺术报》，2007年12月7日。

② 玄奘：《大唐西域记·憍赏弥国》：“柔软俗以文明，慑匈奴以武略”。

首先是历史价值极高。仰韶彩陶文化延续时间长，分布范围广，跨越文化多。从距今7 000年到距今5 000年左右，绵延了2 000多年；以黄土高原为中心，遍及河南、山西、陕西、甘肃、河北、宁夏等地；跨越老官台、仰韶、马家窑、大汶口、屈家岭、大溪、红山等文化，是世界彩陶历史中艺术成就的巅峰。

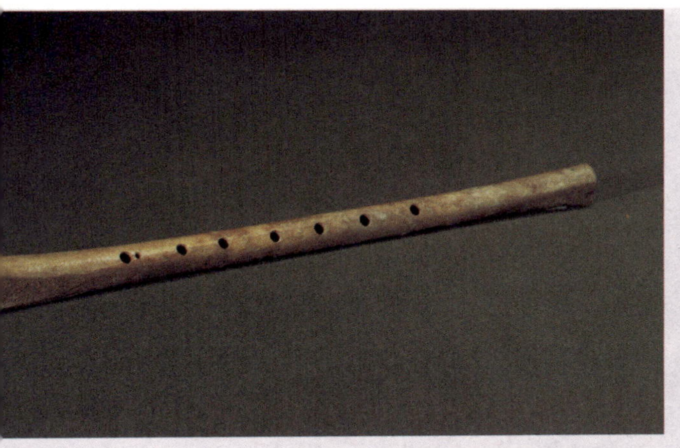

河南省舞阳县贾湖遗址出土骨笛（左上）
河南省舞阳县出土尖底瓶（左下）
河南省仰韶彩陶（右上）

文物的文艺价值实现需要一个过程。因为文物是文化资源形成的富矿，也是时代文化的资源，时代文化又是其艺术升华，也就是说在对文物的利用中，开发者需要付出艰辛的劳动，也需要再创造的动力，要对文物进行研究、消化、吸收、提炼、加工、创作，并运用联想、想象、灵感等艺术手段，使原来貌似平常的文物，重新闪烁出文化光彩，升华为新的文艺作

品。[1] 在文物艺术价值的实现过程中，离不开与非物质文化遗产的结合，因为许多民俗风情与文物融为一体。例如，庙会、艺术节、文化节都是文物与民俗风情的有机结合。本课题组主要从以河南文物为介体的文化活动数量、以河南文物为介体的影视作品数量、省内居民参与文化活动的积极性和文物对文化氛围的影响程度四个方面来衡量文物的艺术价值。

河南省武涉县千佛阁

河南省巩义市石窟寺帝后礼佛图

① 任国贞：《浅论文物与文化的关系》，《魅力中国》2010年8月第3期。

（一）以河南文物为介体的文化活动

以河南文物为介体的文化活动主要包括文化节、艺术展、庙会、其他活动（包括灯谜节、文物知识竞赛、灯会等）。2005—2009年以河南文物为介体的文化活动数量分别为83次、89次、103次、125次和131次，呈直线上升的状态（见图4-3-7）。

图4-3-7：与河南文物为介体的文化活动

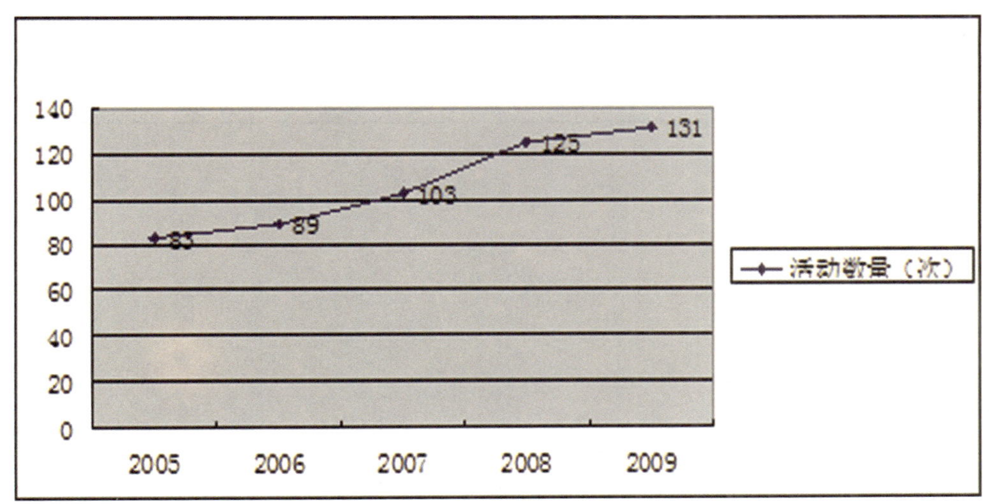

资料来源：《河南文物工作情况调查表》。

尽管以河南文物为介体的文化活动数量呈逐渐增加趋势，但是文化活动种类比较单一。传统的文化项目仍然占有较大比例，其中庙会数量占45%，其他类（主要以传统灯会为主）文化活动数量占35%，两者所占比例达到了80%（见图4-3-8）。传统的文化活动影响的范围相对较小，因为更多的是民间自发形成的，参与群体多为当地居民，甚至是当地居民中的中老年人。而具有现代文化特色的文化节、艺术展等活动比重相对较少，这些活动更多的是由政府引导、组织，吸引区域之外的人来参加，使更多的人来了解本地、认识本地，有利于区域形象的传播和提升。

图4-3-8：2008年以河南文物为介体的文化活动构成比例

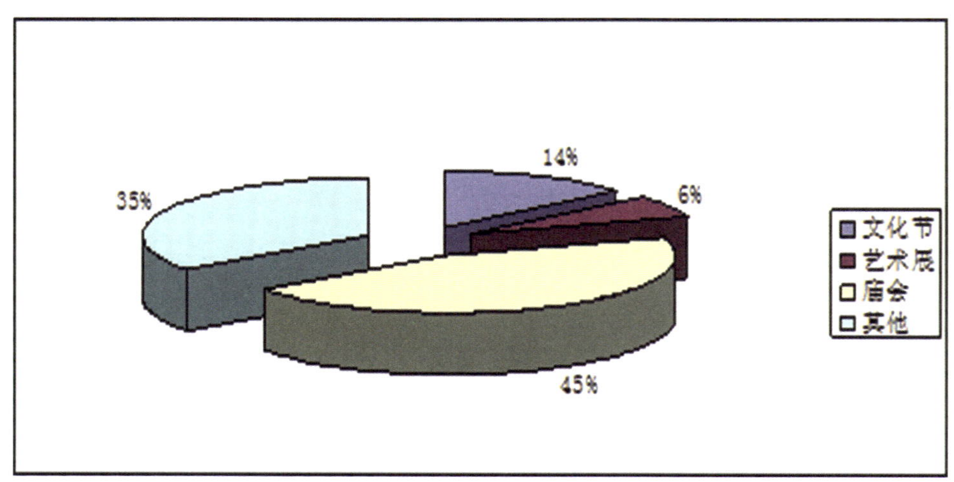

资料来源：《河南文物工作情况调查表》。

以中国鹿邑国际老子文化节为例，来分析以河南文物为介体的文化活动。

近年来，鹿邑县委、县政府依托文化资源优势，坚持把弘扬老子文化作为凝聚全县民心、统揽经济工作全局的大事来抓，取得突出成就，促进了全县经济社会的和谐发展。弘扬老子文化被列入河南省十大文化产业项目，鹿邑县被评为河南省十大文化强县。2008年举办了中国鹿邑国际老子文化节，这次文化节改变过去文化活动单一、枯燥的局面，内容丰富，紧紧围绕区域社会发展。文化节有"老子文化传承与当代道德建设"高层论坛、全国道德模范报告会、《老子》电视连续剧签约仪式、老子文化校园行颁奖仪式、经贸合作签约仪式等六大主题活动。让人们在亲身体会具有丰厚文化积淀的老子故里的无穷魅力同时，还领略了充满活力新鹿邑的古今文化融合之美。既丰富了当地人的文化生活，也有力促进了鹿邑对外形象的传播。

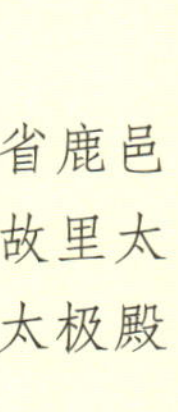

河南省鹿邑老子故里太清宫太极殿

河南省鹿邑老子故里

（二）以河南文物为介体的影视作品

根据专业调查走访的18个地市的文物与管理保护机构提供的当地文物点的影视拍摄清单，区分为世界文化遗产、全国重点保护单位与河南文物保护单位三个级别，以三个级别的文物数量作为权数，以实际调研结果为基数，取所有结果的相加值为“以河南文物为载体的专题片、纪录片及电影电视作品的数量”的指标值。结果显示为1159。

我国的文物如此丰富，河南省更是坐拥号称数量排名国内第二的地上文

物，是包括影视在内的诸多文化及创意产业的机会。以河南省内数之不尽的文物来看，1 159部影视作品实在不算多，如果再加上各类历史小说、民间传奇、民俗家史，这将是多么巨大的一笔财富！

案例：在上世纪六七十年代，河南康百万庄园就与四川大邑刘文彩庄园、山东栖霞牟二黑庄园并称为全国三大地主庄园，2001年被公布为全国重点文物保护单位。

一大片青瓦灰墙错落有致的屹立在伊洛河边，在这历尽沧桑的深宅大院里掩映着康氏家族兴盛400年的财富神话。康氏家族秉承诚实、守信、勤俭、拼搏的原则，大胆开拓、勇于创新，绵延十二代人，成为豫商成功的典范。如今的康百万庄园以其深厚的豫商文化底蕴与独特的建筑风格吸引着人们的

河南省巩义市康百万庄园厅堂内景

目光。每年的8月份，海内外的豫商代表都要汇聚于此，专程来这里参观的游客人数也以每年30%的速度递增。一座庄园就是一个小社会，这里的每一座建筑、每一幅匾额、每一个珍藏都有着深厚的历史积淀与丰富的艺术内涵，都在展示着这个家族的文化乃至中原的民风民俗。

早在1978年就已经有拍摄方瞄准康百万庄园深厚的历史背景与文化价值，陆续拍摄了《唢呐情话》、《小城细雨》、《血祭情坛》、《贪欲奇仇》、《喋血黑谷》、《杨家将》、《少林小子》等影视作品。上世纪90年代国内影视制作业进入大发展时期，更多的历史题材、文化题材的影片与纪录片在康百万庄园取景，如《神医扁鹊》、《神医张仲景》、《少奇同志过清水》、《诗圣杜甫》、《赵匡胤》、《彭雪枫将军》、《神丐》、《夕阳红尽处》、《五品郎中》等等。

对于历史题材影片而言，真实再现是一个挑战。作为真正的文物，康百万庄园一草一木都是当时真实历史的遗迹，无论是场景还是氛围都不需要任何的后天修饰；就其与各大影视基地与影视城相比，康百万庄园不仅实景真实，更重要的是它是有自己历史的。恰如2006年一部《乔家大院》火了乔家大院的旅游、引发了影视圈中晋商文化的热潮一样，大部分镜头都取自故事发生地的大型豫商题材剧《康百万》的制作完成和播出，也能促进康百万庄园的旅游和豫商文化的复兴。

(以上资料源于郑州市文物局、巩义市文物旅游局与康百万庄园管委会)

（三）省内居民对文化氛围的评价

文艺活动数量和影视作品数量只是文物内在内容丰富程度的体现，而这些丰富的文化内容是否得到了居民的认可，这才是至关重要的。如果只是盲目地去开发与文物相关的文艺作品，不顾居民的感受，那么文物的文艺价值仍然不会实现。因为文物价值受作用的对象是人，通过人影响人群，从而影

响整个社会，对文化氛围的影响就是文物文艺价值的综合体现。针对此，课题组在调查中设立了“你认为当地的文化氛围如何？”“你认为该地区的文物对文化氛围影响程度如何？”调查结果显示有9%的当地居民认为文化氛围很差，8%的当地居民认为文化氛围差，43%的当地居民认为文化氛围一般，25%的当地居民认为文化氛围好，15%的当地居民认为文化氛围很好（见图4-3-9）。为什么只有40%的当地居民认为文化氛围好或很好呢？主要是因为尽管文化活动较多，但是活动时间很短，而且时间集中。例如庙会、文化节等活动一般不会超过一个月，而且当地居民的参与度不是很高。这就需要政府部门举办更多的规模较小、耗资较少、符合当地居民口味的文化活动。另外还要宣传和引导当地居民参与文化活动。

图4-3-9：当地居民对文化氛围的评价

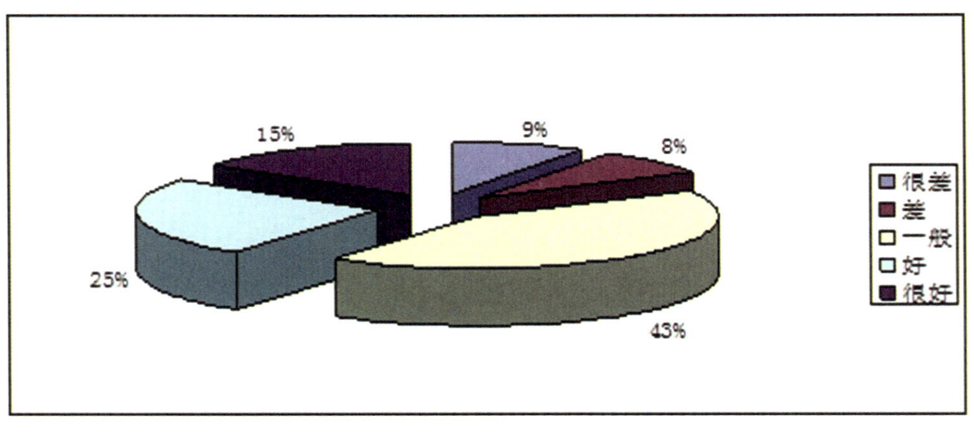

资料来源：省内居民调查。

尽管当地居民对文化氛围的现状评价不是很高，那么当地居民对文物与文化氛围之间的关系评价如何呢？调查结果显示，4%的当地居民认为两者之间没有关系，17%的当地居民认为两者之间关系一般，47%的当地居民认为两者之间关系较深，32%的当地居民认为两者之间关系很深。也就是说79%的当地居民认为文物与文化氛围之间的关系较深或很深（见图4-3-10）。

在实地调查中课题组发现许多当地居民在认识到文化活动参与不足的同时，也呼吁身边更多的文物景观能够对市民开放，不仅需要大型的文化活动，而且需要举办更多门槛较低、贴近百姓生活的文化活动。这就要求政府在文物的利用过程中，一定要关注市民的需求，不要将文物用围墙圈起之后尘封起来，这样会使文物失去生命，失去活力。而是要使文物的保护与利用与市民的日常文化生活有机结合。因为随着居民生活水平的提高，对文化生活的需求也在逐渐提高。另外不要过分追求与文物相关文化活动的规模与级别，这样会使文物渐渐远离民众，而是要尽量居民参与进来，让市民根据自身的文化需求，协助政府策划与设计相关的文化活动。让文物真正的活起来，只有这样文物才能营造一个城市的文化氛围，只有实现文物与人的有机结合，文物的文艺价值才会实现。

图4-3-10：当地居民对文物与文化氛围关系的评价

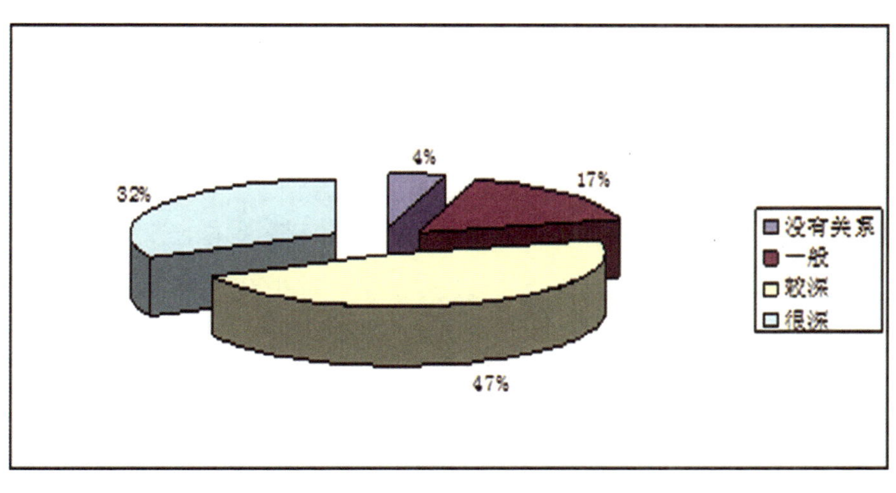

资料来源：省内居民调查。

中原文物蕴涵的文学艺术价值是中华民族文明史上遗留下来的优秀结晶，对无论过去、现在还是未来都具有巨大的教育民众、改造民众与推动区域与我国历史前进的巨大作用。

四、河南文物的传播价值

文物是一个区域的文物与文化资源最优秀的结晶，从古至今都通过人们对它的欣赏与研究在无形的传播着其中蕴藏的社会价值，同时也在无形地影响着区域内外民众的日常生活、文化素质与道德品质，因而对某个区域特别是其区域形象就具有很高的传播价值。

近年来，随着“文物热”的兴起，文物成为了媒体频繁出现的名词。另外，随着文化旅游业的发展，文物吸引了大量国内外游客关注。文物一词频繁出现在公众面前，从表面意义来说，不仅促进了文物本身的传播，满足了游客对美好事物的欣赏与享受，也促进了文物所在区域的传播，提升了区域知名度与吸引力，从更深的意义来说，促进了文物所蕴藏的各种社会价值的传播，对区域内外民众的文化素质与道德品质逐步产生了影响。例如，因为“天地之中”申遗成功使人们认识了登封，曹操墓的发现使人们知道了安阳的西高穴村等。课题组主要通过国内外媒体对河南文物的报道次数、河南文物参加展览的次数和受众人数和河南文物的传播范围四个方面来衡量文物的传播价值。

（一）国内外媒体对河南文物的报道

按照世界文化遗产、全国重点文物保护单位与河南省文物保护单位三个级别分别选取文物，课题组对当地文物部门、文化部门、新闻部门进行实地调研，与文物管理者与工作者进行座谈，获取了第一手的国内外媒体关于河南文物或以河南文物为背景的报道情况。以三个级别的文物数量作为权数，以实际调研结果为基数，取所有结果的相加值为“国内外媒体宣传介绍河南文物的情况”的指标值，结果显示为245 672条报道。这个结果为报道的首发数量，而非网络与不同媒体间的转载数，因此具有较高的真实性与可靠性。

另外，课题组还选取河南文物各个类别中具有代表性的文物点与藏品，分别在谷歌、百度与搜狗进行搜索，每一个检索词所获取的检索量取平均数，取所有平均数的相加值作为“以河南文物为主题的网络检索量”的结果。根据前文所述的调查与计数方法，最终所得结果为1亿5224万余条。由于搜索方式与检索词设置的局限性，这个数字肯定是不完整的，但是可以大体反映河南文物的传播价值。

根据在三个搜索引擎的搜索结果显示，检索量最多的分别是“曹操墓”、“少林寺”与“开封”。曹操为三国时期著名的政治家、军事家、文学家，身前身后留下众多的历史故事与传说，一个“曹操七十二疑冢”的传说引发世人千百年来的猜想。曹操墓的发现不仅引发国内学术界的震动，整个世界都在关注发掘研究过程的一举一动。少林寺为佛教禅宗发源地之一，少林武术名闻天下，“天地之中”的申遗成功将以少林寺为代表的中国古建

河南省登封市少林寺塔林

再一次推到世界的面前，人们得以了解登封在少林之外的古老艺术与文化。

除了国内媒体对河南文物的报道之外，许多港澳台媒体对河南文物也进行了报道。例如，香港文汇报、凤凰卫视、大公报、香港商报、台湾中视、东森新闻等港澳台媒体；日本朝日电视台、韩国KBS电视台等海外媒体。通过媒体对河南文物的报道，不仅使大陆人民、港澳台同胞和外国民众了解了河南文物，也使他们了解了河南形象，了解了河南深厚的文化积淀。因为媒体宣传是一个整体，在宣传点的同时，必须兼顾面的宣传。例如，在介绍龙门石窟的同时，必然要介绍洛阳这座古都，以及蕴藏在这座城市深处的政治道德、科技教育、文学艺术与民俗风情。媒体是传播河南文物的媒介，文物是传播河南形象与河南文化的载体。因此，在未来要认识到文物对于区域形象与区域文化传播的重大意义，这个意义是构建与提升区域软实力的关键因素，也是整个区域经济社会发展的必备条件。

（二）河南文物参加省外、境外展览的次数与受众人数

目前，中国文物出国（境）展览数量平稳增长，内容更加丰富，水平不断提高，影响逐渐扩大。河南作为我国文物大省，许多文物代表中国出国

1998年9月至1999年3月，河南省在日本举办的“大黄河文明展”，参观人数达15万人

（境）展览。例如为配合中比两国政府2009年合作举办的“欧罗巴利亚中国艺术节”，文化部、国家文物局与比利时欧罗巴利亚国际协会共同主办、中国文物交流中心承办的“中国古代帝王珍宝展”在比利时开展，出土于新郑的郑国青铜瑰宝九鼎八簋亮相布鲁塞尔美术宫。新郑文物走出国门，不仅向世界展示了郑国“王者之器”的风采，对新郑历史文化的宣传也意义深远。当然，文物不仅出境展览具有传播价值，在国内或省内展览也会吸引大量省外居民进行参观，从而实现传播价值。2005年河南文物展览次数为508次，参观人数1 156.6万人；2006年河南文物展览次数为676次，参观人数1 088.2万人；2007年河南文物展览次数442次，参观人数1 172.3万人；2008年河南文物展览次数为520次，参观人数1 861.5万人（见图4-3-11）。虽然文物展览的次数起伏不定，但是受众人数基本上呈持续上升的趋势，也就是说河南文物展览对外传播价值逐渐提高。通过展览使更多的人了解了河南省丰富的文物，了解了河南深厚的历史文化，出国参展促进了河南乃至中国与国外的交流合作，提升了河南乃至中国在世界上的影响力，也提升了河南乃至中国的区域软实力与国家软实力。

图4-3-11：2005—2008年河南文物展览次数与受众人数

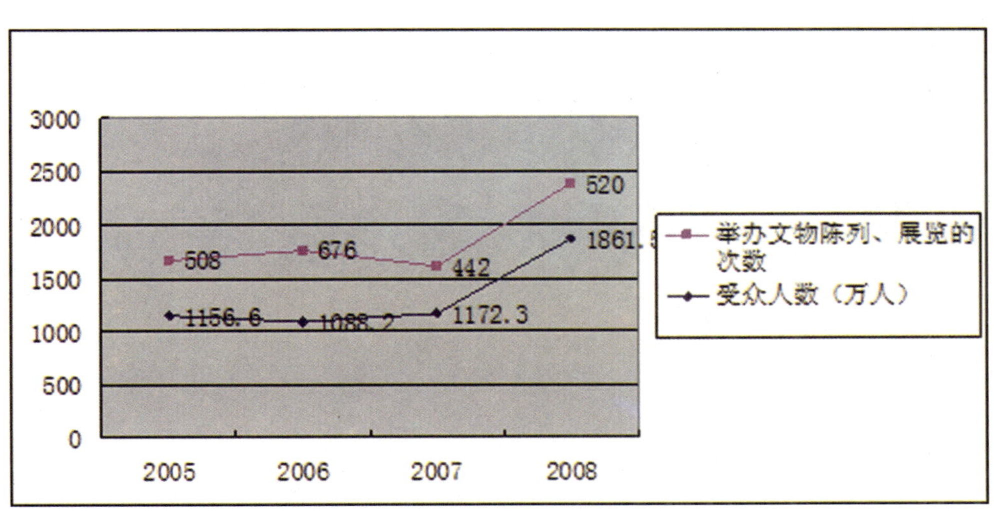

资料来源：《河南文物业统计资料》（2005-2008）。

以东京“河南文物珍宝展”为例分析河南文物的传播价值。

181件（组）来自河南的文物精品，于2010年7月5日至2011年5月29日先后在日本东京国立博物馆、九州国立博物馆、奈良国立博物馆展出。这是迄今为止河南省在国际上举办的规模最大的文物展览。此次展览由河南省文物局与日本东京、九州、奈良三大国立博物馆及读卖新闻东京本社、大广株式会社等5家单位合作举办。历经3年筹备，精选了郑州、开封、洛阳等河南各地181件（组）文物精品，涵盖瓷器、青铜礼器、玉器、金银器、琉璃器、彩绘画像砖、佛教文物等多个类别，代表了河南文物的精华。展览分为王朝的诞生、技术的诞生和美的诞生三部分，从政治、经济、军事、科技、艺术、民俗等方面阐释了河南是中华民族的摇篮、华夏文明的源头，并为华夏文明的形成和多元化发展做出了重要贡献。

（资料来源：新华网河南频道）

2010年7月14日日本天皇夫妇参观华夏文明之源“河南文物珍宝在东京”展

（三）目前河南文物的传播范围

上面两部分论述了河南文物传播价值实现的途径，那么这种价值影响了多少人群，影响的范围到底有多大呢？课题组用河南文物景观中游客的地域分布来看一下河南文物的传播范围。调查结果显示，到河南文物景观旅游，游客最多的省份是河北，河北游客数量占游客总数量的15%，山东游客占游客总数量的11%、港澳台游客占游客总数量的11%，并列第二位。江苏、北京、湖北、山西、陕西、国外和安徽分别位于4至10位（见图4–3–12）。

从全国范围来说，河南文物的传播范围主要局限在传统的中原文化圈内，河北、山东、山西、陕西的优势明显，四省的游客数量占游客总量的46%。说明河南文物景观的游客源过于集中，河南文物的辐射范围还不够广。值得庆幸的是，港澳台的游客数量占到游客总量的11%，这个比重比较大，说明河南文物在大中华区的传播效果较好，大中华区民众比较认同河南作为中华民族发源地与中原王朝核心的历史地位，但河南省在这方面还有很大的潜力可挖。

从世界范围来说，河南文物的国外游客数量占游客总量的5%，比例很小。而且在实践调查中，课题组发现国外的游客中多集中在东亚和东南亚的中华文化辐射圈中，欧美国家或地区的游客较少。这一定程度体现了中原地区作为东亚文明中心的地位，但也反映了这个文化中心的影响当前已经很微弱，对国外几乎没有传播力与影响力。这是河南省政府部门工作的一大缺陷，政府部门在未来的工作中不能被游客数量的总数迷惑，要认真分析文物的传播范围的游客构成比例。通过文物展览、媒体宣传、影视作品和广告宣传这些有效的传播工具，对河南文物关注较小的省份、国家或地区进行重点宣传，使之对河南文物、河南省形象与河南省文化氛围形成良好的印象。总之，要改变河南文物传播范围狭小的局面，让更多的人来了解河南文物，让更多的人通过了解河南文物来了解整个河南。

图4-3-12：河南文物景观游客数量最多的10个地区

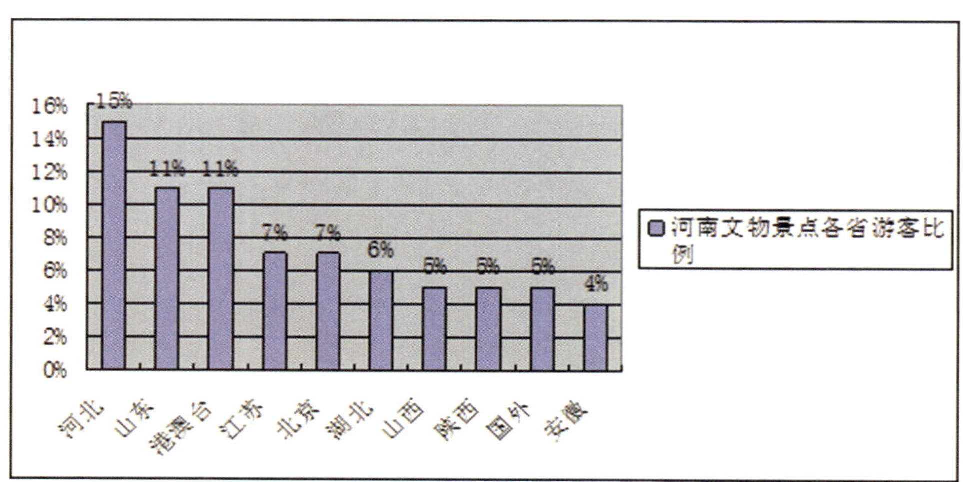

资料来源：景观游客调查。

除了以上传播手段之外，景观参观游客的口碑也至关重要。那么在景观游客中有多少人愿意在参观了河南文物后对其进行自觉的宣传就显得十分重要了。在调查中，课题组设立了问题“你会推荐你的亲朋好友到该地旅游吗？”。调查结果显示，文物景观游客中有16%的游客因各种原因不满意，不会再推荐亲朋好友到河南旅游，但有84%的游客愿意推荐亲朋好友到河南旅游（见图4-3-13）。这个比例较高，说明河南文物在多数情况下确实保质保量，不仅使文物得到了各地游客的认可与赞扬，而且是其所在城市得到了游客的认可与赞扬。游客的口碑是文物景观最好的广告，因为游客向亲朋好友的亲身推荐，真实可信，信息齐全，传播力与影响力更强。游客不仅会向亲朋好友介绍文物景观的内容与特色，还会传播对文物景观与所在城市的真实感受，包括当地的公共设施、公共交通、城市环境、治安环境，当地人的文化素质、道德品质、生活理念、人文氛围等。通过游客的口口相传，会使更多河南省外民众了解河南与河南人、关注河南与河南人，从而提高河南省的整体形象与河南文化的传播价值。

图4–3–13：文物景观游客是否会推荐亲朋好友到河南旅游

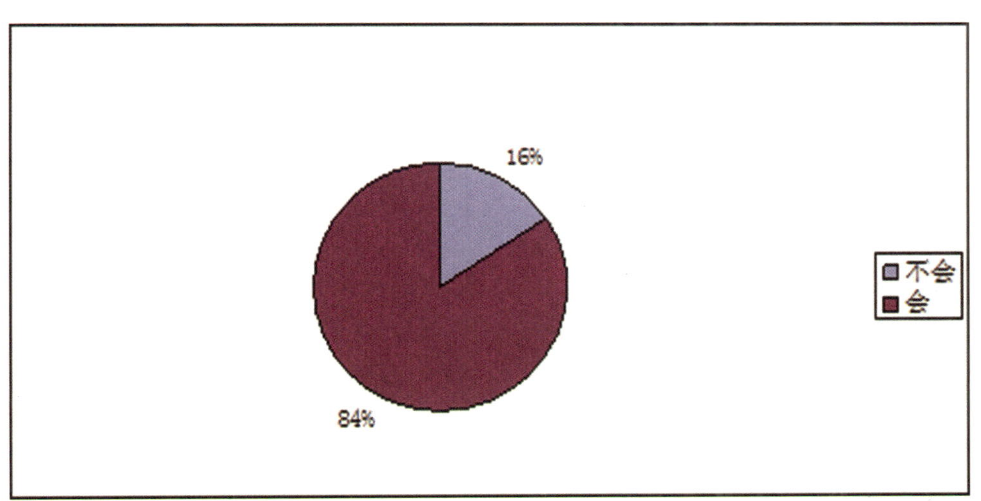

资料来源：景观游客调查。

总之，就东亚地区来说，经过自然环境与文化环境的筛选，环嵩山地区与伊洛河流域文化在新石器时代晚期脱颖而出，成为了东亚地区传播力最强，辐射范围最广，传播时间最深远的文化，最终成为了东亚万年农业文明的核心。这充分体现了东方农业文明远超其他农业文明的传播力量、传播速

度、传播范围与传播时间。从全球范围来说，中华文明在世界上脱颖而出，成为世界最伟大的几个古代文明中唯一生存至今并继续发展的文明。其近代以前的传播力与影响力在同时期世界范围来说都是独占鳌头的，这说明了东方农业文明在工业文明之前独一无二的传播力。因此，全国各地，尤其中原地区遗留下来的文物蕴藏着还没有被利用的强大的传播力与影响力，如果经过深入研究，合理利用，将重新壮大中华民族传统文化并优化社会主义先进文化，使我国文化重新形成对整个东亚地区乃至世界范围的正面传播力与影响力。

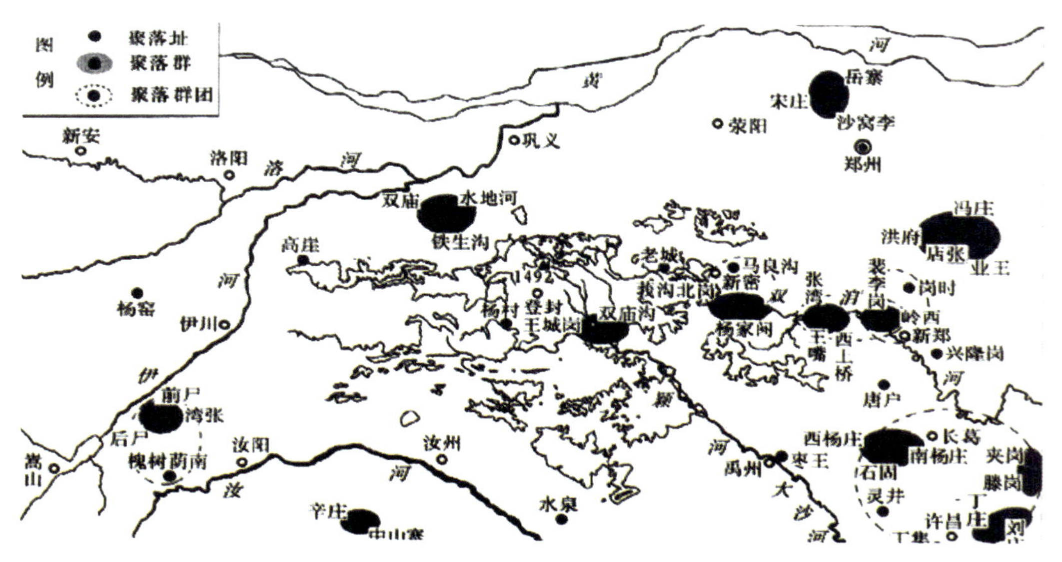

中原地区伊洛河流域古聚落分布图

五、河南文物的感召价值

文物蕴藏着强大的文化影响力和感召力，这是一个由表及里、由浅入深的发展过程。正如联合国教科文组织世界文化遗产委员会的定义，世界文化遗产是在某一时期内或某一文化内对建筑艺术、纪念物艺术、城镇规划或景观设计方面的发展产生过巨大的影响，促进了人类价值交流的艺术与艺术品。文物是当时人类社会最先进的生产力，也就是最伟大的创造力的代表，所以必然对某一时期或多个时期的某一文化或多个文化产生巨大的感召力，从而对该时期与该文化中的各个方面产生巨大的影响，这就是文物的影响力、感召力。

文物的感召价值是指文物深处蕴藏的丰富信息与能量对人们现实生活的影响，通过人类的接触与传播，对人类产生吸引力、感染力、凝聚力、感召力，从而教育人心、净化人心、鼓舞人心、激励人心、团结人心。它既体现了文物对社会的影响，也体现了人们对文物的认同度和亲和度。文物的感召价值很抽象，可以说，政治价值、科教价值、文艺价值和传播价值都是文物感召价值的构成部分。但是以上4个部分没有衡量民众对文物的认同感与亲和度，故此两者是课题组衡量河南文物感召价值的重点。在网络调查、省外调查和景观游客调查中，课题组设立了问题“是什么吸引你到河南旅游的？”在省外居民调查中设立了问题“从参观文物的角度出发，你最想去的省份?”前者是衡量河南文物的认同度，后者是衡量河南文物的亲和度。

根据对省外居民、网络用户与景观游客的调查显示，河南文物对省外游客的吸引力主要集中在文物、民俗风情与自然风光。其中文物以及与文物密切相关的民俗风情与乡村生活对省外游客的吸引力分别达到66.58%、42.66%与71.17%，三种调查结果都接近或超过50%（见图4-3-14）。也就是说河南文物及与文物相关的资源的吸引力占总量的将近一半，尤其以省外民众与景观游客的反映最为明显，远远超过了自然景观，更何况我国自然景观多数也与文物息息相关。这充分说明河南文物的在省外居民与景观游客中的认同度较高，更充分说明了在河南省各种资源中，文物确实拥有较高的感召价值。

图4-3-14：河南文物的吸引

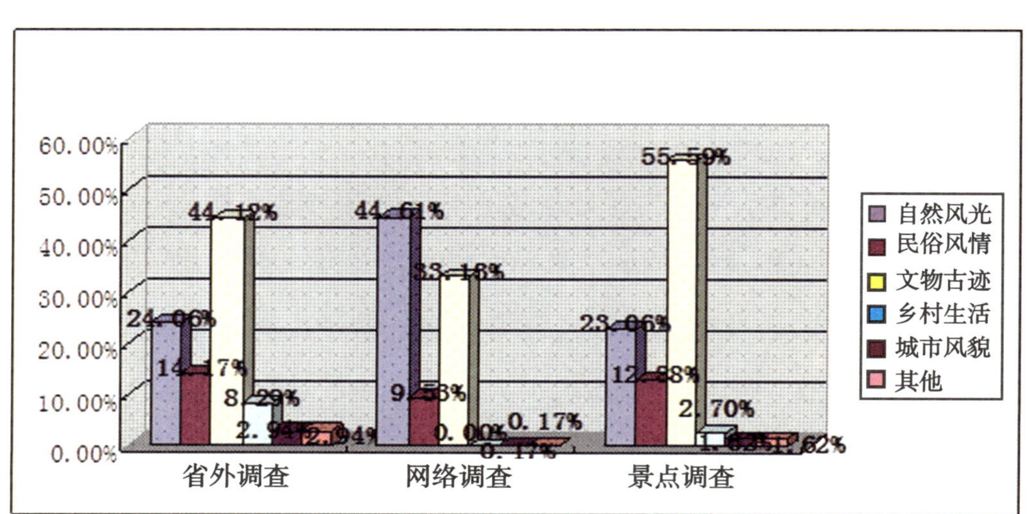

资料来源：省外城市调查、网络调查、景观游客调查。

在河南省内，文物在旅游项目的优势很明显，在各种资源中的感召力优势也很明显。那么，在与其他省份的比较中优势是否也很明显呢？从文物数量上看，有句俗语说：河南是地下文物第一，地上文物第二。国家拥有世界文化遗产数量位于全国第二、全国重点文物保护单位数量位于全国第二，拥有历史文化名城数量位于全国第二。可以说，河南是名副其实的文物大省，但在与各地比较亲和度中却没有得到相应的反映。从数据上看，省外只有9%的民众认为河南是文物大省，而有24%和26%的省外居民认为陕西和北京是文物大省，省外居民对这两个省市的认可度极高（参考图4-3-15）。而西藏和云南这两个边疆地区的文物并不丰富，与河南文物根本不在同一水平线上，但省外居民对其的亲和度居然与对河南的亲和度基本接近，这确实说明了一些问题。

图4-3-15：省外居民对文物大省认同度最高的五个省份（直辖市）

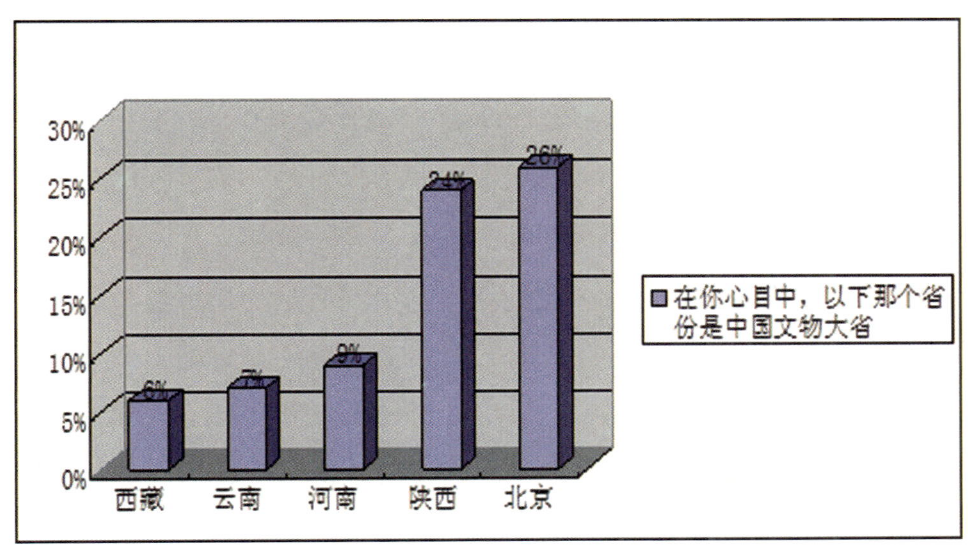

资料来源：省外居民调查。

尽管省外居民对河南文物的亲和度位于全国第三位，但是与前两位的陕西和北京差距很大，对位于第四位、第五位的西藏与云南优势很不明显。为什么会出现这种现象呢？第一，陕西、北京确实是我国的文物大省与大市，特别是地上文物十分丰富。而且许多文物距今年代较近，可观赏性较强。第二，西藏和云南尽管文物绝对数量远少于河南，但是作为大量少数民族历史文化与民俗风情的集中区域，文物与非物质文化遗产的民族特色十分突出，吸引力与亲和力较强。第三，以上四省，特别是北京、陕西对文物的宣传起步较早、力度较强，使其文物的传播力与影响力远超同类型省市，而两相比较，河南文物的宣传相对滞后，力度较弱，文物的传播力与影响力较弱。

针对以上几方面的原因，河南省政府部门在未来的工作中。应该采取以下措施：（1）要拥有坚定的区域与文化信心，河南的文化底蕴至深，文物全国第一，即使是稍弱的地上文物，特别是观赏性很强的文物也并不匮乏，距当今年代较近的文物也很多，文物的巨大优势是毋庸置疑的，只是保护与利

用工作需进一步加强。（2）要突出数量、质量与特色，河南各地的文物数量巨大、种类繁多、质量优良，不同城市都拥有大量优质的不同特色的文物，应该进行系统研发，善加利用，全力突出中原核心的无所不在的、文明中心的、王朝帝都的、多元一体的文物特色。（3）在省内外各种媒体都要加大对河南文物的宣传与介绍，文物的宣传与介绍不仅仅是文物行政部门的事情，也是政府部门的事情，需要多部门相互配合、相互协作，投入足够的人力物力，也需要让文物回归社会，让民间智慧与民间力量的积极参与。做好这三项工作，河南文物的感召力必然大幅提高，其在河南省各种资源中的感召价值必然大幅提高。

虽然河南省对区域文物的宣传工作还不够到位，导致省外居民对河南这个文物大省的认同度与亲和度不是很高，但民众对河南省作为中华文明最重要的发源地，对河南省作为民众文明与发展中的母体地位，对河南省在历代中原王朝的核心地位还是给予了充分的肯定。河南历史不仅深刻地塑造着并推动着中国历史的发展进程，在今天仍然具有巨大的力量，而且课题组深信，河南的未来将对正在进行经济社会转型的中国产生更加巨大与深远的推动力。

文化界有一说法，“一部河南史半部中国史”，其实还不足以说明河南省在中华文明中的政治地位、经济地位与文化地位。河南作为多元一体的中华民族和中华文明最重要的发祥地，五千年中华文明史中四千年的国家政治、经济与文化中心，河南史就是中国历史的主流和浓缩，河南历史又何止代表了半部中国历史。因此，河南文物具有优越的感召价值，蕴藏着强大的国家软实力与区域软实力资源。河南文物利用的好，对内能够提升国内与区域民众的创造力与凝聚力，对外能够提升中国与河南省的传播力与感召力，提升我国的国家软实力与河南省的区域软实力。

课题组在调查过程中了解到，虽然近几十年来中国教育的西化浪潮不断削弱中华民族传统文化与社会主义文化，但近十年来海内外中国人却越来越多地涌向河南各地寻根问祖，掀起一波波寻根热潮。清朝学者张澍在其《姓氏寻源》中说：“参天之木，必有其根；怀山之水，必有其源”。以姓氏为纽带进行的姓氏寻根与文化寻源活动，不仅逐步带动了中华姓氏文化研究的繁荣，也逐步带动了中华传统文化研究的热潮。

中华民族农业文明形成了一种世界上最独特的对中国人的感召力：树高千丈、落叶归根，功成名就、衣锦还乡。因为中华民族的传统农业文明，中国人与东亚这块美丽土地结成生死相守的关系，虽然成为世界上最吃苦耐劳的民族，但也成为最无法忍受身在异乡为异客的民族。这是所有中华儿女刻骨铭心的情怀，故乡的青山绿水在梦中萦绕，家园的泥土芳香在血脉里流淌。中原地区是太古三皇五帝“英雄时代”部落繁衍生息之地，是上古夏商周三朝“文明时代”中华民族姓氏的摇篮，伟大的先民们创造了悠久灿烂的

河南省淮阳县太昊陵统天殿

中华传统农业文明，给中原地区留下了丰富深厚的根文化资源，除了濮阳西水坡的“中华第一龙”，还有淮阳太昊陵、新郑黄帝故里、戚城颛顼之墟等至今依然是中华儿女魂牵梦绕的寻根圣地，还有卫辉比干庙、虞城木兰祠、南阳武侯祠、洛阳关林、周口关帝庙、汤阴岳飞庙等至今依然是广大海内外中国人的精神庙堂，这就是中原文物的感召价值。

河南省新郑市黄帝故里轩辕庙大门

河南省濮阳市颛顼帝喾陵

河南省卫辉市比干庙二门

河南省南阳市诸葛草庐

第五章　河南文物的可持续发展

第一节　河南文物的保护管理现状

一、文物行政部门对文物的保护与利用意识

根据本课题组对河南省的专业调查、系统普查、结构性访谈与问卷调查，得出以下的结论。

（一）河南省拥有厚重的文物保护与研究传统，需要与时俱进，充分发挥文物潜在的软实力与经济社会价值

河南省是我国古代文明的核心地区，也是中华古老文化的核心地区。建国初年开始形成了保护与研究文物的“洛阳模式”与“登封模式”，为全省的文物保护与研究工作打下了坚实的理论与实践基础，也为全国文物系统树立起了良好的榜样。

案例：“洛阳模式”始于1955年，当年洛阳市政府提出了“远离旧城建新城”的城市发展理念，成为了文物保护与城市规划的最佳典范。但前两期城市规划由于当时的历史条件和经济发展水平限制未落到实处。到了20世纪90年代洛阳市第三期城市规划时，在城市发展的中心位置保留了22平方公里的大遗址保护区，属于中国城市规划史、文化遗产保护史上的优秀案例。

洛阳市还制定了更为宏伟的《洛阳市历史文化名城保护规划》（2008—2020年）文本（纲要），为把洛阳市建设成为有较大影响的历史文化名城打下了坚实的基础，也为其他城市树立了良好的榜样。

案例：“登封模式”始于20世纪50年代。国务院、河南省政府与国家文物局鉴于登封丰富的文物与贫穷的县财政，决定从1959年起每年由国家直接拨款给登封文物保管所做文物的保护工作。1959年登封县财政收入42 000元，国家给登封保护文物的财政拨款竟高达40 000元，文物保护竟占地方财政95%，比例之高，在我国文物保护工作中创下纪录，可谓“登封模式”。此后，虽远没有达到这样的比例，但国家和地方财政累计也投入了数亿元，为登封文物的保护与研究创造了良好的条件，也为登封“天地之中”历史建筑群成功申遗奠定了良好基础。国家与省级政府的充分重视，登封文物工作者的辛勤工作使登封丰富的文物得到有效保证，为当前登封市经济社会发展模式转型创造了优越的条件。

（二）基层文物工作者在艰苦条件下依然保持着赤子之心，他们守卫着中华民族文明，守卫着中华民族的未来

在当前市场经济大潮的冲击下，河南省绝大多数文物干部、基层文物工作者，甚至志愿者对保护文物依然拥有比较良好的意识与态度，和比较强烈的责任感与使命感，涌现出许多令人感动的先进事迹。例如，洛阳“天子驾六”遗址多亏了一些文物工作者据理力争，博物馆才能成为洛阳市的重要景观，洛阳人民又多了一个重要的文化与精神家园。

文物工作者在各种艰苦的条件下，全凭一颗赤子之心在守卫着祖国的文物，守卫着祖国的文化资源，守卫着祖国的软实力资源。如郑州大河村遗址，渑池仰韶村遗址与嵖岈山卫星人民公社旧址的文物工作者。

案例：郑州大河村是一处重要的仰韶文化遗址，发现于1964年，其广大的面积、丰富的文化层、精美的出土文物震动全国。但从1972年正式钻探发掘以来，保护遗址与文物的工作因经费短缺而举步维艰。但大河村遗址博物馆的文物工作者们在当地村干部与村民良好的自觉意识的支持下，在艰苦的情况下，依靠自己的努力守护着这处全国重点文物保护单位，先后接待了来自40多个国家，共计40多万参观者，令中外人士充分感受到了中华先民的伟

河南省郑州市大河村遗址博物馆大门

河南省郑州市大河村遗址出土的仰韶村基址

大智慧与实践。大河村博物馆的文物工作者还先后制定了两个具有超前意识的大河村遗址保护规划与考古遗址公园规划。2010年做了1 000亩考古遗址公园，2011年还有2 000亩的生态公园规划，为提升大河村在郑东新区发展中的文化地位与经济地位做出了很大的贡献。

案例：坐落在贫困的渑池县的仰韶村是我国新石器时代发展至巅峰的中原奇葩，仰韶文化的发现，开启了中国现代田野考古学和探寻华夏文明源头的先河。尽管当地文物队伍弱小，条件艰难困苦，但未能阻挡他们前进的步伐。在当地政府的大力支持下，仅有的4名讲解员不辞劳苦地向社会各界民众宣讲仰韶文化，接待了10多万人，产生了强烈的凝聚力、传播力与感召力，使各地各界民众深切地感受到了中华民族强壮的文明根系，油然而生巨大的民族自豪感与民族凝聚力，纷纷写下了许多感人肺腑的留言。

河南省渑池县仰韶村遗址全貌（上）
河南省渑池县仰韶村出土彩陶盆（下）

案例：遂平县嵖岈山镇在新中国建设初期成为人民公社的典型，前些年在经济落后的条件下，遂平县的5位文物工作者不仅为保护全县大量的古代文物默默奉献、积极地为嵖岈山人民公社旧址申报成为省级文物保护单位做了大量可敬可佩的工作，当前又在为建立遂平工业遗址公园而努力拼搏。

河南省遂平县嵖岈山卫星人民公社办公楼及会议室

从上面的案例中，可以发现基层的文物机构和人员处在文物管理工作的第一线，面临着辖区内所有文物保护、管理、研究、宣传等一系列综合性、复杂性的工作。基层文物工作是国家文物事业大厦中的基石。当今，正是农村城市化和大规模城乡建设的高潮，随着城乡基本设施建设的发展，文物保护与经济建设的矛盾日益凸显，文化遗产及其生态环境保护面临形势相当严峻，加强基层文物保护的管理工作，成了当务之急。

（三）文物行政部门积累了很多文物利用的经验，总体来说，理念与实践正在与时俱进

文物是人类历史遗留下来的不可再生的珍贵遗产，是民族历史文化的重要载体和见证，体现着一个民族的智慧、才能和精神风貌，同时也是发展现代产业，促进地方经济社会发展的重要资源。在第三、四章关于河南文物经济价值和社会价值分析中，已经将文物的利用空间与潜力展现出来了。在经

济价值方面，河南文物的利用对河南建筑业、旅游业、文化产业产生了巨大作用，2009年河南文物对河南国民经济的总贡献达到425.87亿元。在社会价值方面，河南文物资源的利用促进了河南软实力的提升。

同时，课题组在调查中也发现，河南省内广大的文物工作者对当前经济社会的发展模式有三方面的忧虑：（1）物质生产发展过快，社会物质财富增长过快，导致我国环境资源与生产资源渐渐枯竭，这已经成为事实；（2）城镇化建设和新农村建设发展很快，导致我国部分文物资源遭到破坏，这也已经成为事实；（3）经济社会发展不协调，物质生产与文化创新不够平衡，社会重视积累物质财富，对文化财富积累重视不够，导致某些区域社会文明出现滑坡。

经过近10年对文物利用的摸索，虽然受工业化与城市化过快发展的干扰与影响，但大多数文物行政部门与文物工作者对文物的合理的、可持续的利用也初步形成了比较合理的共识与比较积极的态度，摸索出许多比较成功的模式，如安阳殷墟模式与濮阳戚城模式。他们的共识有3个：（1）我国文物工作必须获得各级党委和政府部门的重视和支持，才能得到有效保护与合理利用，才能产生更好的经济社会效益，这是世界各国的普遍经验，也是我国的国情所决定的；（2）文物应该走向广大民众，贴近实际、贴近生活，发挥潜在的、巨大的经济社会动力与价值；（3）必须最大程度地保护我国的文物，进行可持续的合理利用，才能使中华文明在西方主导的席卷我国的全球化浪潮中生存下来并得到进一步发展。

二、 地方政府对文物的保护研究与可持续利用意识

根据本课题组对河南省广泛与深入的专业调查、系统普查、结构性访谈与问卷调查，得出如下的结论。

（一）在保护与研究方面，政府部门与官员对区域文物的认识有了较大改善，但总体上需要政策的统一性与连贯性

中原地区从新石器时代早期至北宋一直是中国的政治、经济与文化中心。自南宋至民国，由于环境资源与文化资源的改变，中原退居次要地位，物质生产与文化创新停滞不前。新中国成立初期，河南省重新焕发出巨大的物质生产与文化创新活力，不仅构建了完整的现代工业体系，现代与传统结合的农业体系，工农业生产大幅提高，成为了我国中部的工农业大省；同时，在焕然一新的社会风气中全面保护与恢复了区域文化与文物，文物事业健康蓬勃地发展起来了。

改革开放以来，河南的经济社会发展取得巨大进步。当前，许多地方领导对文物重要性的认识有了很大提高，但与其他资源重要性的认识相比依然较为薄弱；虽然政府财政对文物的投入从纵向上比有了大幅增加，但与其他部门横向上比却明显太少，虽然文物事业的从业人员比以前增加了，但具备文物专业素养的人才依然欠缺；虽然文物巨大的旅游经济效益得到了较大的认同，但文物更广大、更深远的社会动力与社会价值依然被边缘化；虽然很多地方领导与政府部门比较重视文物的保护与利用，规划与建设部门在区域与城市建设中主动与文物行政部门协调，获得很大的成功，但依然个别地方官员或政府部门，无视长远利益，反而服从短期的部门利益与开发商利益，对文物资源的保护和利用工作造成了一定影响。

（二）在区域文物可持续利用方面，政府部门与官员的良好意识逐渐形成，但与国际先进水平仍有差距

文物的保护与可持续利用与区域、城市与乡村经济社会的发展是相互依存、相互促进的。文物保护得好，区域、城市与乡村的文化资源便有了可持续性利用的基础与条件。文化资源的可持续性利用模式好，区域、城市与乡

村的经济社会发展便有了坚实的基础与优越的条件，文物这个巨大的宝库便能产生巨大的社会发展动力，实现巨大的经济社会价值，为区域、城市与乡村的良性的、和谐的、可持续的发展铺平道路。

很多地方政府部门与政府官员也认为，经济社会发展已经到了一个必然的转型期，以往的经济社会发展模式必须改变，河南省的区域经济社会发展模式也必须改变。但如何改变？

这个“改变”包括两个方面：（1）物质财富的增长模式要改变，由低水平、低技术、高能耗、高消耗，破坏自然环境、生态环境与生活环境的资源消耗型经济发展模式转向高水平、高技术、低耗能、低消耗，保护自然环境、生态环境与生活环境的资源节约型经济模式；（2）文化财富的增长模式要改变，由从商品拜物教、货币拜物教与资本拜物教社会转向具有崇高信仰、高尚情操、社会公德与传统美德的文明社会，实现物质文明与精神文明的均衡发展。这样才是可持续的经济社会发展模式。在调查中，一些富有见地的政府官员认为，要实现从不可持续到可持续发展模式的转变，河南省必须重新认识区域文化资源，要重新认识区域文化资源的经济社会价值，就必须重新认识文物的经济社会价值。这样，文物的保护与可持续利用成为了关键。

不少政府官员对地方文物有着深刻的感情与正确的可持续利用的意识，政府部门对区域文物的可持续利用模式也正在逐渐形成，但长时间形成的以GDP为中心的短期价值观与政绩观阻碍了某些部门与官员对文物所带来的长远的价值、长远的发展的认识，矛盾出现时，文物的保护通常让位于短期经济效益，造成无可挽回的损失。因此，在文物的保护与可持续利用中，政府责任重大，保护中原地区的文物，就是保护中华民族核心的历史与文化，就是保护中华民族文明核心地区的现在与未来。

河南省登封市初祖庵塔林

案例：登封市政府已经意识到文物资源可持续利用的重要性。登封具有丰富的矿产资源和文化旅游资源，矿产资源对应相关产业成为登封市国民经济中的支柱产业，2009年煤炭、电力、非金属矿物制品、有色金属等四大产业完成增加值135亿，占全市地区生产总值的51.1%，占全市财政收入的45.91%。而丰富文化资源相对应的产业体系还未形成。但是登封市政府已经意识到了产业结构的不协调，开始调整经济结构，转变发展方式，在做好优势产业优化升级的同时，突出发展文化旅游产业，紧紧围绕做好嵩山是中华文化圣山、登封是世界功夫之都这“两篇文章”，实现文化资源向文化产业，旅游景区向文化产业集聚区这“两个转变”，逐步达到由依靠矿产资源向主要依靠文化旅游和矿产资源两种资源的转型，使登封逐步走上低碳经济、生态经济、绿色经济、循环经济的良性轨道。

（来源：《转变发展方式，打造国际文化旅游名城——登封市政府在线访谈》载于郑州市人民政府网2010年7月22日）

第二节　河南文物管理的改善方式

一、提高文物部门的地位，加大文物执法力度

要改善河南文物的管理，必须从保护与利用四个方面同时进行，既要提

高四个方面的能力，也要提高四个方面的执行力与执法力。

（一）建立职能强大、符合文物强省地位的文物部门

本课题组从2010年5月至11月，对河南省18个地市的文物管理情况进行了全面与深入的调查。在调查中，课题组一方面为近10年来地方各级政府迅速提高的文物保护意识而欣慰，为文物工作者60年来艰苦奋战在文物战线而感动，为祖国与区域文物的丰厚而感到自豪；另一方面则为近年来一些政府部门偏重短视的经济收入而忽视长远的文物保护而忧心，为文物部门管理级别低、人员编制少、执法力度弱而焦虑，为近几十年来文物在经济发展中遭到不同程度的破坏与损失而痛心。本课题组通过比较一些西方发达国家先进的文物管理模式，认为着重应该在以下方面进行完善：

1. 参考法国、意大利、西班牙等文物强国，建立职能强大的文物行政部门。任何一个世界强国都极其重视本国的文物，因为他们深刻认识到文物是国家创造力、生命力、凝聚力、传播力与感召力的源泉，是他们国家可持续发展的基础资源。我国文化部门在近30年的资源消耗型经济模式中的地位不高，造成文物行政部门在经济社会发展中应有的地位受到一定程度的弱化。要重振优秀文化传统，提升区域与国家软实力，就必须像西方发达国家那样，强化文物行政部门的职能。以意大利为例，意大利法律明确规定，文物主要由国家管理、重要的遗产都由国家控制。意大利实行全国文物登记制度，不论是私人博物馆，还是私人所有的历史建筑，都必须由国家统一登记，所有者不得擅自改变、维修，改变前必须上报国家遗产管理部门审批。意大利将48%的国土规划为景观保护区，50年以上的建筑都受到国家法律保护。

2. 参考文物强省（市）的文物管理模式，在文物社会价值分析中，已经提到省外居民对文物大省认同度最高的是北京和陕西。河南文物存量和价

值与北京相比并不弱，但是影响力却存在着一定的差距。课题组认为，河南省文物部门的管理级别低，机构和人员不足是重要原因。陕西省文物局和北京市文物局很早就是正厅级别的单位，与河南临近的山西、山东两省的文物局近年也都升格为正厅级单位，而河南省文物局作为文物大省的文物主管单位，目前只是副厅级单位。陕西省文物局直接管理的机构有11家，山西省有15家，北京市更多，而河南省只有5家。机构少、在编的人员数量自然也少，参考其他文物强省（市）的管理模式，河南省应该适当提高文物部门的行政级别，提高文物部门的地位，增加机构和人员编制。这是缩小河南省与其他文物强省（市）之间认同度差异的重要策略。

（二）增加文物部门的财政投入，稳定和提高文物工作者的待遇

经过课题组对河南省18个地市全面深入的调查对比与分析，在“十一五”期间，我国在文物方面的投入已有很快的增长，但比西方国家还有较大差距。近5年来，河南省在文物方面的投入也有较快的增长，但比国内文物强省还有些差距，体现在：（1）文物大省地位的文物财政政策初步形成，但还有待落实，省、市、县文物行政部门获得的政府财政拨款有了较大增长，但相对于管辖范围内的文物保有量与蕴藏量来说依然是杯水车薪，导致很多保护与利用工作无法实施；（2）保护政策与资金支持有了很大的加强，但市县经济社会发展存在不平衡，市县政府对文物认识也不尽一致，造成不同市县文物部门获得的政府政策支持力度与财政拨款不平衡，导致一些文物遭到建设性破坏；（3）有些市县对文物缺乏认识、认知、尊重与敬畏，造成文物工作者的待遇偏低，工作条件不好，有些地方的文物工作者工资收入微薄、福利待遇缺失、工作条件很差。

基于我国当前面临的经济社会转型要求，参考西方文化强国与国内较好省市，本课题组认为：

1. 基于我国经济社会发展的战略转型，文物提升至国家战略资源的地位，文物行政部门应该从现在开始获得省、市、县各级政府的充分重视，获得政策与资金支持。有了充足的财政拨款与部门资金，文物部门应做好文物中长期的保护与利用规划，在有计划、有系统、充分研究、充分论证的前提下做主动的保护、抢救，改变以往过于被动的抢救与追踪流失文物的工作模式。

2. 文物是河南省内重要战略资源与国有资产，其现实的经济价值与社会价值的总和已是一个天文数字，其未来不断提升的经济价值与社会价值是区域内乃至国内经济社会发展由资源消耗型经济转向资源节约型经济，由工业文明转向生态文明的关键国家资源与国有资产，因此，文物部门应该拥有配套的经济实力，使部门最重要的保护与利用工作得到切实有效的展开与实施。

3. 无论是建国初期的老一代还是改革以来的新一代地方各级文物工作者与志愿者，面对数十年来微薄的工资待遇与艰苦的工作条件，多数依然坚持抵制各种利益诱惑，保持着贫贱不移的浩然正气，保持着艰苦朴素、满腔热情、勤勤恳恳、兢兢业业的部门优良传统，保卫着区域与国家的战略资源，理应获得到政府部门与社会各界的充分理解与尊敬，享受良好的福利待遇，使他们的千辛万苦获得政府与社会充分的物质与精神支持与补偿，从而弥补历史欠账。

（三）大力建设文物部门的优秀人才队伍

本课题组在7个月中对河南省18个地市的文物部门进行深入调查，深刻地体会到地方文物部门肩负的重担与力量的薄弱。虽然近5年来文物保护队伍有了很大的发展，但人才困局依然没有解决。河南文物部门的一些同志提出，这个困局已经造成省内某些地方文物工作艰难的现状。文物部门的基础工作是对文物这种国家战略资源进行例行巡查、特殊监管；核心工作是对文物进行及时抢救、妥善保护、深入研究；延伸工作是对文物进行合理的、适度的、可持续的产品开发与产业链利用。河南文物部门已经初步拥有了一支人才队伍，但数量依然供不应求。如何改变这个现状？

1. 意大利等西方国家有文物宪兵，河南省少数市县已经迈出了很好的一步，建立了文物派出所，但整体来说权力不大，力量较弱，不足以有效地监管与保护河南的文物。在当前市场经济浪潮的冲击下，河南乃至全国的文物大省都面临着异常猖獗、非常严峻的有组织盗窃与盗墓犯罪活动，现有文物行政部门的体制与力量已无法有效地对区域内的文物进行基础的巡查与监管工作。作为我国的文物核心地区，河南省应该首先建立一支直接隶属于文物行政部门的强大、敬业、专业与精干的高素质执法队伍，对省内文物实行具有震慑力、胜任力的例行巡查与特殊监管。

2. 从1927年安阳殷墟的系统发掘开始，河南省在我国率先进行了有系统的文物抢救与保护工作，拥有专业的文物抢救发掘与保管保护队伍。从上世纪50年代“洛阳模式”启动开始，河南省在我国率先建立了历史文化名城保护模式，拥有相对较强的文物保护与研究队伍。但相对于河南省拥有的庞大文物与核心文化地位，河南省目前拥有的文物抢救、保护与研究队伍的力量依然相对薄弱，水平不齐，文物的教育队伍还没有完全成形。

首先是历史原因，建国以来，国家专注于工业化与经济增长。初期，在焕然一新的良好社会环境下，文物工作者队伍虽然比较弱小，但文物的保护与研究工作比较好开展；但改革开放以后，文物部门本身虽然有了大幅的发展，但在某些地方依然被边缘化，文物的保护与研究工作在某些地方也边缘化。文物的保护与研究队伍与经济社会发展速度相比显得薄弱。其次是教育原因，各级教育部门对文物不够重视，对文物的考古发掘、研究保护更加少提及，导致我国从小学至大学的新一代对我国文博知识、考古知识认识薄弱，导致文物保护与研究领域人才不足。

虽然国家文物局历年来都在抓紧培养文博专业人员，弥补历史欠账，但这个欠账难以缩小，且有增加的趋势。当前省内文物保有量与蕴藏量对人才数量与质量上的需求极大。第一个层面，河南省经济社会在快速发展，区域大规模的基础设施建设与房地产开发导致了省内各类文物一定程度上的破坏，因此迫切地需要充足的、高素质的技术性抢救与保护人才，以满足抢救被快速推进的基建与开发破坏的文物的需要。第二个层面，河南省拥有海量的文物，也有一支高素质的考古与文博队伍，但研究人员部门集中，工作忙于应付，研究方法略显简单，研究思路略显狭窄，研究成果虽然站在我国的前列，但距国际考古文博学术最前沿仍有些差距，也没有对国内学生与民众起到教育普及的作用，因此，省内迫切需要充足的、高素质的学术性研究人才，以满足文物的深入研究。第三个层面，长期以来我国与区域文物考古部门相对封闭，考古与文物部门的学者在象牙塔中搞研究，较少在社会上传播考古与文博知识，有些研究进度缓慢，有些研究成果束之高阁，导致民间对考古与文物工作产生很多误解，而教育部门在传统文化与西方文化、高雅文化与低俗文化的选择方向上出现了一定偏差，导致校园师生与社会民众在我国考古与文物知识上的缺失，社会产生了中华文明与传统文化认识上的失落，因此河南省需要充足的、高素质的文物教育人才，以提高全社会对文物工作的正确认识。

二、加强监督工作

（一）国家立法机关与文物行政部门应该面向未来，从国家软实力的高度出发，把文物视为与国土资源同等重要的国家战略资源，修订《文物保护法》

1982年颁布的《文物保护法》以及2002年新修订的《文物保护法》是我国

最重要的文物保护法律，确立了“保护为主、抢救第一、合理利用、加强管理”的工作方针，使我国文物行政部门与广大文物工作者有法可依。但该法对地方各种破坏文物法的犯罪行为仅能显示出微弱的制约作用与制裁作用，造成文物行政部门与文物工作者有法难依、执法难严的尴尬局面。在当今各地政府“工业文明观”与“招商引资观”带来的各种破坏文物的政府行为面前已经违法难究。因此，国家最高权力部门与文物行政部门应该迅速抓住当前我国正在进入由工业文明转向生态文明的经济社会转型期的契机，从国家软实力与区域软实力的战略高度出发，把文物作为与国土资源同等重要的国家战略资源，参考世界与国内最好的文物保护法与保护模式，着手修订新世纪切实可行的“文物保护法”，以适应我国在经济社会转型期文化发展。

（二）确立文物行政部门在经济社会发展中的监管地位，建立地方政府部门与文物行政部门良性互动机制

在城市建设、城市更新中，历史文化遗产越来越受到各级政府部门的重视，然而破坏事件仍时有发生。2009年底的第三次全国文物普查初步结果显示，全国有超过3万处在册的文物消失，其中大部分为不可移动文物。根据课题组对河南省的深入调查，河南郑州、洛阳等地方政府对文物监管十分重视，甚至将文物部门的审批作为土地开发审批过程中的一个重要环节。在给予文物部门权力的同时，也充分协调其他部门与文物部门之间的关系。下面以洛阳为例进行详细说明：

案例：在洛阳，无论是重大项目，还是城市发展，都把文物保护放在第一位，避开大遗址的核心区域。在项目建设上严格审批，在审批过程中，文物部门是第一个章，也是最后一个章。每个新项目，文物部门要先拿出意见，这个地方能不能建。经文物部门勘察钻探，最后必须有文物部门的批准证，才可以施工。洛阳市轮胎厂在前期规划选址过程中，发现隋代大型仓窖

河南省洛阳市天子驾六博物馆出土车马

群，最终另选新址。洛阳新区建设过程中，发现了唐代水利设施遗址，市政道路主动为文物遗迹让路，对文物实施原址保护。在西工区瞿家屯发现了大型建筑基址，主动调整原建设方案，对文物遗迹实施有效保护。在东周王城发现了“天子驾六”车马坑等多处重要文物遗迹，放弃了原建设方案，在原址建设遗址博物馆和遗址公园。

历史文化遗产的保护在初期以投入为主，收益可能慢慢才能显现，地方政府可能会因此面临巨大的GDP考核压力。但是，国外经验表明，当初对文化遗产保护花力气大的地方，正是今天社会效益和经济效益最好的地方，是生产力发展最有效、最持久的地方。

现在我国许多地方政府也开始提出文物部门应享工程建设否决权。北京市哲学社会科学“十一五”规划重点项目——《北京市地下文物保护现状与对策研究》指出，文物行政部门必须介入土地一级开发，有权对一些文物重点地区提出禁止或限制开发的意见，土地只有取得文物部门的许可证明才能进入市场流通。同时将考古勘探和发掘作为建设规划用地审批的办事程序，也就是说建设单位申请办理建设工程规划许可证时，要提交地下文物调查勘探发掘完毕的通知或证明，使地下文物保护工作良性运转。[①]

随着城市现代化和城镇化步伐加快，文物保护与城乡基本建设的矛盾日益突出。如何科学地保护文物，如何科学地把握城市发展方向，如何把历史文化作为城市重要竞争力来发掘、利用，是我们面临的艰巨任务。

（三）建立文物保护问责机制，加强文物部门与社会舆论的监督力度

当前我国正处于粗放式发展模式向可持续发展模式转型期，许多领域的发展思路与方向开始向科学发展的道路转变，但传统粗放式发展模式积累下来的错误的发展观念依然存在，具有较大惯性。这种经济社会发展模式的特征是：（1）为了增长而增长，失去了增长的目的；（2）为了部门与个人物质财富的增长，造成了对环境资源、生产资源、生活资源与文物的破坏；（3）为了这一代的物质财富积累，忽视子孙后代的物质财富与文化财富积累，是典型的既吃“祖宗饭”又吃“子孙饭”发展模式。因此，为了保证我国经济社会发展转型的顺利进行，为了避免我国环境资源、生产资源、生活资源与文物遭到人为破坏，必须确立文物的国家战略资源地位，建立政府部门的文物保护问责制，建立文物行政部门与社会舆论的强大监督机制，真正做到有法必依、执法必严、违法必究，使任何破坏文物者必然受到党纪国法的严惩。

（四）增加政府在文物上的投入，建立政府部门传承传统文化、保护文物的激励机制

当前河南和全国大部分省份一样，发展的重点放在经济领域。但是在未来的五年计划中，河南省已经意识到了文化在河南经济社会发展中的地位与作用。在《中原经济区建设纲要》中明确提出构建独具特色的文化支撑体

① 《文物部门应享工程建设否决权，鉴宝不得鉴定出土文物》，人民网，2011年5月25日。

系，并且认为文化是建设中原经济区的强大力量。对文物事业在中原经济区建设作用也做了详细的阐述，加强历史文化遗迹的勘探、发掘、抢救、保护和开发，分区域建构一批以殷商文化、东周文化、三国文化、盛唐文化、大宋文化和儒释道文化为主题的文化旅游基地，培育一批彰显地域特色、展现中原风貌、具有国际影响的文化品牌。在《河南“十二五”规划纲要》中提出了提升中原文化影响力。通过发挥文化遗产丰富的优势，加强郑州商城、隋唐和汉魏洛阳城、安阳殷墟、开封宋都古城等大遗址和历史文化名城（镇、村）的保护，支持洛阳龙门石窟、安阳殷墟、登封“天地之中”历史建筑群等世界文化遗产保护开发，提升中原文化的吸引力与影响力，着力打造华夏历史文明重要传承区。

当然，现在相关的方针政策已经形成，更为重要的是需要政府加大文物的政策扶持与资金投入力度。当前，省内每年投入到文物保护当中的资金有了大幅增长，但依然是一种应付急需与补偿欠账形式，总量太少，甚至可以说是杯水车薪，这与当前和未来文物的抢救、保护、研究、利用不相适应。中央政府与地方政府应该在每年的财政预算中，按比例制定文物保护经费。意大利每年拿出财政预算的1%—2%投入文化遗产的保护，河南省作为文物大省，应该制定较大的投入比例。在历史文化名城（镇、村）的保护当中，更应该从城乡建设总投入中划出至少3%—5%的资金，保护在城市化与社会主义新农村建设过程中受到危害的文物。

另外，应该充分鼓励与奖励社会与民间资金进入文物的抢救、保护、研究与教育当中。同时在政府部门与全社会建立起复兴优秀传统文化与建设社会主义新文化的奖励机制，建立起保护文物的激励机制，真正鼓励政府官员与社会大众积极参与保护与研究文物，积极保护民族传统文化。

博物馆是城市的窗口，也是城市文化根源与灵魂的集中显示，博物馆免费开放将促进文物回归社会、回归民众，发挥文物潜在的社会动力和社会价

值，对引导经济发展，净化心灵，稳定社会有巨大作用。当前每年地方政府投入到各级博物馆当中的资金总量还是太少。因此，李长春同志提出：“要统筹规划博物馆发展布局，有条件的县可以根据本地资源优势，结合重大考古发现和文物保护需求，建设遗址博物馆，地市级中心城市重点建设特色性博物馆，省一级城市重点建设综合性博物馆，省会城市博物馆和省级博物馆要各有侧重，形成特色鲜明、布局合理的博物馆体系。”

案例：郑州博物馆成立于1957年，前身为郑州市文物陈列馆。1999年12月28日，郑州博物馆新馆建成，2004年7月1日，郑州博物馆实行免费开放。郑州博物馆提出的办馆宗旨：“传承文明，服务社会，科学管理，务实创新”，符合我国经济社会转型期传承与创新的发展方向。新馆开馆以来，陆续接待了200万人次的观众，各地参观者写下了无数感人肺腑的留言。可见，郑州博物馆充分地展示了郑州市文物的社会价值，在郑州社会中获得了良好的社会效益，提升了郑州市的城市软实力。[①]

河南省郑州博物馆

① 资料来源于“河南文物与经济社会”课题组与郑州博物馆座谈及郑州博物馆资料汇编。

三、在全社会普及考古与文物知识，提高区域社会对文物的全面认识

当前，河南省正面临经济社会发展的急速转型期，必须抓住此契机，从儿童抓起，在基础教育与高等教育中夯实，在民众以及政府官员中普及中华民族的优秀传统文化与社会主义的中国文化，以恢复民族的创新思维、崇高信仰、传统美德与社会主义理想，抑制民族文化与社会道德的崩溃，提高民族的自主创新能力与民族生命力，提高国家竞争力与国家软实力。为此，必须从中华民族文明的载体——文物的普及教育与高等教育开始。

（一）从小学、中学至大学，从民间百姓至政府官员，都应该普及文物保护常识

要提高从儿童到青少年，从民间百姓到政府官员的优秀民族传统文化与社会主义文化水平，首先必须从省内文物的考古知识与文物的价值认识开始。政府应该修改与完善小学至大学的基础教育与高等教育中的历史课程，除了保留历史典籍的记载之外，应该增长中华文明的文物考古知识与文物的保护常识，增加基础教育与高等教育中的参观博物馆与考古工地实践课程，增加基础教育与高等教育中对我国与河南省区域内文物的调查与研究工作，激励青年学子在业余时间自发地学习与参观区域内与国内的文物，调查与研究区域内与国内文物所蕴含的民族意义、世界意义与社会价值。从而全面提高河南区域内与国内青少年对民族传统文化的认知、理解与认同。只有青少年对中华民族传统文化产生了深刻的认知，才能理解中华民族传统文化的优越性，才能产生对中华文明的认同。只有青少年产生了对中华文明的深刻认同，中华民族才能恢复民族创造力与凝聚力，只有青少年拥有了创造力与凝聚力，中华民族才能恢复生命力与感召力，中华民族才有未来，才有希望。

应该全面开放博物馆，制定“中华文明宣传日”，鼓励参观博物馆，了

解博物馆中的文物。通过报刊、电视与网络等各种媒体，大量刊登区域与我国文物的考古成果、通俗易懂的考古知识与雅俗共赏的研究成果，调整把文物纯粹当成商品与货币的庸俗节目，让民众与各级政府官员接受正确的文物考古常识与理论常识，在民众与各级政府官员中建立健康的文物知识与民族文化理念。

2004年3月10日，中国驻美大使馆与美国史密森学会在美国首都华盛顿联合举办《汉字——从甲骨文到计算机》展，杨洁篪大使在开幕式上

（二）各级政府更应该加强文物的知识教育，优秀传统文化与社会主义文化思想教育，提高文物的可持续发展观，掌握文物适度保护利用模式

河南省各级领导都深刻地认识到本省文物的价值，比较重视本省的文物。只有加强各级政府对文物的认识，加强他们对文物社会价值与动力的认知，提高他们对文物可持续发展观的认同，才能让他们掌握文物适度利用模式，才能启动省内与我国民族特色社会主义的健康文化建设与发展。通过加速优秀民族传统文化与社会主义文化的建设与发展，培养大量的、高质量的健康文化人才，建立庞大的健康文化市场。这样，河南省才能实现经济与社

会发展的平衡，才能实现物质财富与文化财富积累的平衡，才能实现由资源消耗型经济到资源友好型绿色经济的顺利转型。

2006年3月31日，郑州市委书记王文超向中国国民党副主席江丙坤一行赠送河南博物院镇馆之宝“莲鹤方壶”的精美复制品

（三）选取文物保护与利用典型和最佳模式并积极推广

文物保护与文物利用并不是一对矛盾，丰富的文物资源为文物利用提供了前提和条件，而文物的利用又可使文物的社会功能和经济效益得到发挥。当然在文物利用过程中应考虑长远，以旅游为例，首先明确文物景点是文化遗产资源，然后才是旅游资源，在开发旅游项目的同时要注重文物保护，必须遏制破坏性的商业行为，使文化遗产得到可持续利用。

河南省已经意识到了文物利用的重要性，特别是文物旅游的发展较为迅速，文物旅游景点逐渐增多。河南省文物资源的优势及其在旅游经济中的重要作用，已在政府和各界人士中达成共识：发展旅游必须以文物为依托，文物是河南发展旅游的灵魂和支柱。[①]当然，河南省与全国其他省份相比，文物利用起步不是很早，大部分的文物景点正在完善中。但是也不缺乏一些开发利用的经典案例，特别是在文物资源丰富的洛阳、郑州、安阳、开封等市。这些地区无论是在文物保护、景点开发，还是在经营管理、宣传推广等

① 赵会军、张得冰：《河南文物资源保护和利用问题思考》，《中国文物报》，2006年7月21日第8版。

方面走在了全省前列。下面通过对经典案例的解剖，展现河南文物保护与开发的先进经验，使更多的河南文物得到有效保护与合理利用。

案例一：嵩阳书院是我国古代四大书院之一，2010年作为登封“天地之中”历史建筑群的子项目，被联合国教科文组织正式列入世界文化遗产名录。但是在以前，景区前面民居散布，环境脏乱差，与书院本身的文化地位极不相称。1983年，嵩阳书院交由文物部门管理，由于环境差，嵩阳书院的人气不旺，年游客量不足两万人。1996年总收入还不到10万元，根本不够现存文物的简单维护。2000年时嵩阳书院开始改造，登封市政府对嵩阳书院环境整治投入了巨大的财力，学校从嵩阳书院的考场搬出，附近居民进行搬迁，保护范围从原来的3000平方米扩展到了现在的3万多平方米。在文物保护和发掘上，也采取了一系列措施和动作，发现了嵩阳寺碑，为嵩阳书院曾是佛教圣地提供了实物证明。一系列措施为嵩阳书院带来了口碑和人气，整治之后当年嵩阳书院的游客量就达到20万人，年收入达到了300万元。

河南省登封市嵩阳书院山门（左）

河南省登封市嵩阳书院将军柏（右）

从嵩阳书院保护与利用方式可以看出，文物保护是文物利用的基础，景区利用获得的效益又可以反哺文物保护。文物仅仅保护好，而不得到充分利用，将不能满足广大群众提高生活质量的精神需求，不能实现文物的社会价值，也不能很好体现文物工作与经济社会发展紧密结合的根本要求。因此，在文物保护和利用方面，要符合科学发展的要求，符合社会大多数人的期盼，只有这样人们才会真正感觉到当地历史的厚重，才会对历史有深刻的感性认识，也才能使这些文物保护的更好，焕发出历史的光芒和现实的活力，不至于在历史的长河中湮没。

案例二：近年来，淮阳县旅游业发展迅速，先后被评为中国旅游强县、中国王牌旅游目的地、全国旅游标准化试点县和河南省文化改革发展实验区。而淮阳县旅游业发展的起点是太昊陵文物景区的合理利用，太昊陵景区的龙头效应明显。当然淮阳县并没有单一地利用文物旅游资源，而是充分发挥太昊陵的较大影响力和品牌效应，实现文物旅游与生态旅游（龙湖景

河南省淮阳县太昊陵

区）、民俗旅游（姓氏文化节）相结合的立体旅游发展模式。另外还扶持旅游加工业，将泥泥狗、布老虎、黄花菜、龙湖鱼等产品进行包装，充分延长产业链条。旅游业的发展促进了城市功能的完善、提高了当地居民的收入水平，又提升了淮阳的影响力和知名度。先后建设改造了淮周路、龙都路、大同路、内外环湖等城区道路36条，新增多处绿地、广场、公园，绿地覆盖率12%。优美的城市环境和浓厚的文化氛围创造了良好的投资环境。淮阳旅游业的发展产生了新的就业机会，2009年为下岗职工、返乡农民工提供了1.3万个就业机会，使居民收入得到增加，生活水平得到提高。

从上面的案例可以看出，文物的整体利用是合理的，文物景区必须实现与周边其他旅游资源的结合，才能实现其更大的经济社会价值。像太昊陵这样的文物景区在利用之前已经被人们熟知，但没有产生太大的吸引力，通过立体旅游的发展，就使太昊陵景区有了更多的亮点，因为太昊陵景区不再是一个孤立的景点，而是与其他旅游资源一起融入了淮阳这座城市。这种融合又无形地提升了淮阳的城市品牌，最终使更多的人群了解淮阳、投资淮阳、发展淮阳。人力资本、经济资本、社会资本、文化资本的聚集将会促进淮阳整个经济社会的发展，从而提高当地民众的生活水平和居住环境。

案例三：开封是七朝故都，中国优秀旅游城市，具有文物遗存丰富、城市格局悠久、古城风貌浓郁的显著特点。目前，开封拥有许多名胜古迹景点，文物旅游资源十分丰富。尽管与郑州、洛阳相比，开封没有世界文化遗产，但是开封的旅游人数和旅游收入仍然位于全省前列。这与开封旅游突出特色的发展模式分不开的，开封旅游突出宋代文化与饮食文化的结合。在景点问卷调查过程中，游客在开封吃的花费占旅游花费的比例很大。开封在旅游资源开发过程中充分发掘传统饮食文化，传承汴梁文明。开封作为豫菜发源地，饮食非常发达，开封的第一楼灌汤包、马豫兴桶子鸡、炒凉粉、杞县红薯泥等特色小吃名扬海外。开封注重挖掘和培育饮食文化，在扩大规模、提高档次、增加品种、丰富内涵上做文章，已经形成了开封独特的饮食文化风格。经过重新规划的开封夜市小吃品种达近百种。游客白天游览开封文物景点，晚上吃夜市小吃已经成为必不可少的一项内容。

河南省开封城墙

开封相国寺

从上面的案例可以看出，开封实现了文物景点观光与饮食文化完整结合。游客不仅通过文物景点了解了开封深厚的历史，也通过开封小吃了解"宋都"特色饮食文化。与淮阳文化旅游与生态旅游结合的模式不同，开封利用自身的优势实现文化旅游内部的结合，通过饮食文化开发使游客将更多的时间留给了开封，从而获得了仅仅文物旅游难以实现的效果。开封突出特色的文物利用模式使其成为河南省中原城市群和沿黄"三点一线"黄金旅游线路三大中心城市之一。

案例四：安阳殷墟成为世界文化遗产之后，和其他世界文化遗产一样，面临着如何保护与利用的问题。我国不少旅游景点依靠"世界遗产"这块金字招牌获得了较好的经济效益，当然也出现了人满为患、楼满为患的局面，甚至遭到联合国教科文组织世界遗产委员会的黄牌警告。安阳殷墟在成为世

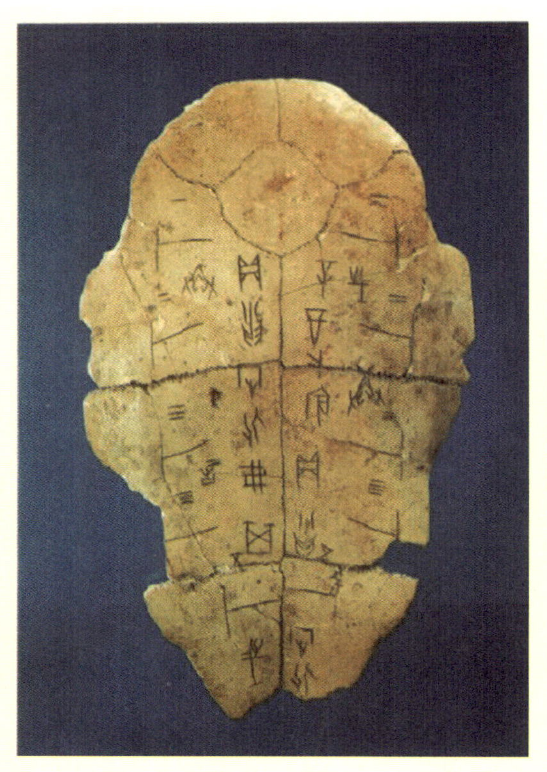

河南省安阳殷墟出土甲骨(左)
河南省安阳殷墟宫殿复原(右)

界文化遗产之后，并没有过度的开发利用，而是采取了保护性综合利用的原则。首先使殷墟基本保持了原有的风貌，另外将殷墟利用的定位为学术研究与旅游开发、传统文化教育与考古知识普及相结合。另外，为了缓解殷墟游客量扩大带来的压力，安阳也开始整合其他旅游资源，使更多的旅游景区享受到殷墟申遗之后带来的成果，从而缓解了殷墟景区的压力。尽管殷墟的游客数量、门票收入与其他热点文化遗产相比存在一定的差距，但是它对安阳经济社会发展的间接作用是巨大的。比如殷墟所在的殷都区成为安阳各县、区招商引资形势最好的一个区。

通过以上的案例可以看出，安阳对世界文化遗产殷墟遗址，进行有效保护、重点展示、合理利用，使殷墟基本保持了原有的风貌，有效地解决了考古成果社会化、普及化的问题，取得了良好的经济和社会效益，同时也为大遗址的考古、保护、展示树立了典范。[①]也就是说，安阳殷墟把保护的必要性和发展的可行性结合起来，以有效的保护保持殷墟的文化价值，从而吸引人们的目光，以合理的利用实现当地的经济社会效益，从而走出了一条积极保护和合理利用的协调共生之路。不少外国驻华使节对安阳殷墟的保护和利用也给予了高度评价。

四个案例从不同的角度向我们诠释了文物有效保护与合理利用的方式与路径，也为我们提供了许多值得借鉴的经验。首先要以能否有效保护为标准进行有限度的、合理的开发利用，防止急功近利，不计后果的开发利用。其次，兼顾学术研究、旅游开发、环境保护、城市建设等诸多方面，达到经济效益、社会效益、环境效益的统一。第三，在保护与利用文物时，一定要突出自身的特色，因为只有特色的文化才会产生魅力。总之，应将文物保护利用融入整个区域的发展之中，与生态环境、民生建设、经济社会发展综合考虑、统一规划。

第三节　河南文物保护与文化产业发展的关系

党的十六届四中全会以后，文化建设受到各地普遍的重视，河南同全国许多省份一样提出了建设文化强省的战略任务，先后颁发了《关于大力发展文化产业的意见》和《河南省建设文化强省规划纲要（2005—2020）》。当然河南的文化发展也得到了中央领导的关注。2007年“五一”期间，胡锦涛总书记在河南视察时指示：“河南有着深厚的历史文化底蕴，要弘扬优秀文化传统，深化文化体制改革，大力发展文化事业和文化产业，在社会主义文化方面迈出更大步伐”。[②]河南省的历史文化底蕴是河南发展文化产业的

① 杜久明：《安阳殷墟——古遗址保护与展示的成功典范》，《中原文物》，2007年第4期。

② 转引自河南省社会科学院课题组：《文化强省内涵与指标体系研究》，《中州学刊》，2008年第1期。

基础，而河南丰富的文物资源是河南历史文化底蕴的重要构成要素，也是河南文化产业发展的基础。因为文物资源以其自身丰富的文化内涵为文化产业提供丰沛的创意来源，而文化产业是建立在丰裕的文物资源基础之上，通过合理吸取文物资源蕴藏的精神特质塑造出文化产品的创新价值过程。也就是说，文物保护与文化产业之间存在着一种传承中创造，创造中传承的互动关系。而河南省破解文物保护与文化产业发展难题的关键就是形成一种以精神特质为核心的，以文物资源保护、流传和增值为主线的转换机制。

一、文物保护是文化产业发展的重要基础

一个地区文化产业的发展在很大程度上取决于区域文化资源的稀缺程度、结构和特色。如果一个地区拥有丰富的文化资源，在其他条件不变的情况下，该地区就可以比较便宜地利用这种资源，从而在相关文化产品上拥有成本优势。而河南地处中原，是中华文明的主要发祥地之一，文物资源丰富，形态多样，特色鲜明，这正是河南发展文化产业得天独厚的优势。这些优势最明显的就是河南丰富的文物存量，像在第二章阐述的那样，河南省无论世界文化遗产数量、全国重点文物保护单位数量、博物馆数量、馆藏文物数量，还是历史文化名城数量、历史文化名镇（村）数量都位于全国前列。当然更为重要的是这些文物资源深处蕴藏的不同类型的文化资源，例如，裴李岗文化、仰韶文化、龙山文化、夏朝文化等举不胜举。当然，更为重要的是文物资源蕴藏的精神特质，古往今来，无数中原的思想家，用自己的思考深刻影响着历史的进程，经过漫长岁月的积淀，熔铸成华夏文明的思想精髓，成为中国思想的文化主干，如“大同”、“和合”都成为中华文化的核心思想，而礼义廉耻、仁爱忠信，都成为了中华民族的核心价值观。

通过上面的分析，我们可以发现不仅文物自身或者外形是文化产业发展的重要基础，而且河南文物背后蕴藏的文化和精神特质更是文化产业发展的载

体。当然要实现文物资源与文化产业之间的合理转换，首先需要有效保护文物资源，将能否有效保护作为文物开发利用的标准。因为文物是一种特殊资源，文物存量并非取之不尽、用之不竭。各类文物的遗存，不论数量多少，珍贵与否，都不可再生。我们有义务和责任对它进行加以保护。另外，如果文物没有得到保护，我们还会失去大量的文化资源和精神资源，从而不利于文化产业的发展。大量的事实也告诉我们，文物保护需要统筹解决好两个问题：文物保护与文物利用的问题，文物的社会效益和经济效益的问题。当然文物资源向文化产业的转换是文物利用的一个重要途径，因此转化过程中应该意识到，文物的主要价值绝非经济价值，而是文化、历史和科学价值。文物的作用在于向社会提供精神力量和智力支持。也就是说，文物资源向文化产业转化的正确方向是：坚持文物保护第一位，在这个基础上对文物进行合理利用，同时社会效益为最高准则，在这前提下争取实现两个效益的统一。

河南省已经开始关注在文物开发利用过程中，文物保护的重要性。因此，在2010年新修订完成了《河南省实施〈中华人民共和国文物保护法〉办法》，该《办法》的出台对河南省文物保护和管理工作，传承优秀历史文化遗产具有十分重要意义。该《办法》首先明确了各级政府、文物部门以及其他相关部门文物保护的职责，明确规定了各级政府及其有关部门的职责。另外，还对文物保护单位保护范围内的禁止性行为作了进一步明确和细化。当然，如何处理好文物保护与经济建设的关系，也是这次立法过程中认真研究的一个重要问题。更为重要的是，该《办法》单独设立一章“文物利用”，对发展文化产业、文化旅游业、开发相关文化产品，举办文物展览、文物复制、拓印，以及利用文物保护单位拍摄影视作品等诸多方面进行了规范。由此，从最后一条可以看出，河南省已经意识到了文物资源与文化产业之间的关系，而且也意识到了文物保护在文物资源与文化产业之间转换中的重要作用。

二、文化产业是实现文物保护的有效条件

文物资源向文化产业转化不仅能够为文物的保护提供保障机制，更可以使文物背后的文化价值和人文内涵在当代社会为更多的人所理解和欣赏，在更长的时间里广泛而深入人心地存在。①这是因为文物资源是具有“活态”的东西，它作为一种历史客体体现人的生命力。当然要使文物资源的生命力得到体现，创意是根本手段。这种创意不是对文物资源进行简单的复制和开发，更不是对文物资源的完全否定，而是对文物资源母体进行重构。也就是说在保持原有精神内核和象征符号不变的前提下，使文物资源能够以现代形式复活。从而使当代更多的人去认识文物、了解文物，从而有利于提高文物保护的意识。

河南省已经开始重视文物资源与文化遗产之间的转化，在第三章经济价值分析部分，已经提到从2006年到2009年河南文物对河南文化产业的贡献是逐年递增的，从2006年的1.87亿元增加至2009年的5.69亿元，另

河南省禅宗少林音乐大典图

① 李康化：《文化遗产与文化生产的创造性转化》，《江汉大学学报》（人文科学版），2011年第30卷第1期。

外，河南文物资源对文化产业的贡献还有很大的提升空间。经济学家厉无畏在河南考察时从文化产业的历史实践出发，对河南文物资源向文化产业的转化提出了自己的独到见解。他提出了挖掘河南文物资源可供借鉴的3条路径：再现场景、挖掘故事和提炼符号做品牌。①

再现场景就是以现有不可移动文物为基础，融合与之相适应的民俗活动，例如，开封龙亭公园不仅因为它独有的皇家建筑群和园林景观而吸引游客，还开发了许多饱含宋文化特色的宫廷场景。例如：九帝迎宾、杯酒释兵权、大宋皇帝临朝大典、狸猫换太子等。游客在赏析宫廷文化的同时，也解读了大宋王朝的文化。挖掘故事是指挖掘文物资源背后的历史故事，以电影《少林寺》为背景，挖掘少林寺内部的历史故事，通过影视作品的形式，使少林寺这一文物得到广泛传播，甚至在海外引起了很大的影响。提炼符号做品牌是指通过对影响力较大的文物资源或文物资源背后蕴

河南省新郑市黄帝陵祭祀大典

① 《河南如何挖掘传统文化遗产》，大河网，2010年4月20日。

藏的文化，树立具有较大影响的符号品牌。例如，黄帝故里的拜祖大典已经成为提升河南形象的强势品牌，因为它不仅增强了我们海外华人心向祖国、心向族地的怀念之情，而且也使更多人了解了郑州、了解了河南，特别是了解了厚重的中原文化。

通过上面的分析，我们可以看出为了保护而保护是一种封闭。因为文物资源是全社会的，不是哪一部门的，属于公众所有，要让文物保护与文化产业更好地契合，通过文化产业的发展让河南的文物资源走向省外，走向海外，形成中华软实力的载体。[①]因此，适当地发展文化产业，对文物资源进行适度的转化，不仅有利于河南的经济发展，而且可以更直接地弘扬文物资源和宣传文物保护思想，从而实现对文物有效保护。

三、文物保护与文化产业发展的互动机制

（一）根据文物资源的特性界定文化产业的定位

在文物资源向文化产业转化的过程中一定要突出自身的文化特色，只有特色的文化才会产生吸引力。以文化旅游发展为例，游客绝不肯千里迢迢来看他们在自己家乡随处可见的东西。人们反复地去看一些几乎没多大区别的东西，肯定会兴趣索然。在游客的旅游动机中，都包含着这种探新求异的需要。河南商丘在文物资源向文化产业的转化过程中，实现了地域品牌的特色化。商丘为了发展文化产业，深入挖掘火文化、孔祖文化、庄子文化、汉梁文化、木兰文化等六大商丘地域品牌，开展具有商丘文化特色的文化产业项目，从而使文化产业具有不可复制性和排他性。几年来，商丘市通过做大做强国际商文化节、孔祖文化节、庄子文化节等文化节会，引来一大批文化产业项目。商丘通过深入打造地域文化品牌，擦亮了“华商之都”文化品牌，成功申报了“火文化之乡”，木兰传说被列入国家非物质文化遗产名录。火

① 《河南文化遗产丰富，专家称多数因缺少资金留遗憾》，《东方今报》，2010年6月12日。

文化广场、华商文化广场、木兰文化广场、木兰大剧院、庄子文化广场、庄子文化馆、汉梁文化博物馆、永城芒砀山碑林、汉风一条街等文化产业项目都是围绕商丘特色文化建设。因此，河南省的各市或县要通过文物资源带动文化产业，要找准两者的结合点。不要把其他地区现成的文化产业模式生搬硬套到自己文化产业发展中来。要根据现有文化资源的区域特点和优势来发展优势文化产业。

河南省商丘市“商”文化广场（左一）
河南省商丘市火神台（左二）
河南省商丘市国际华商节（左三）

（二）培育创意人才，提高创造能力

文物资源向文化产业转化的意义在于文物资源只有融入现代文化消费市场和日常文化消费，才能为更多的人所认识和了解，才能使原本不可复制、不可再生的文物资源充溢更强大的生命力与更丰满的价值。①当然，要实现这一过程，需要更多现代人智慧的投入，也就是说创造力是实现两者转化的桥梁。创造力何以可能和怎样作为成为了河南省文物资源向文化产业转化的关键一步。当然，创造力的重要载体是人，更准确地说是人才。文化具有特殊的“人才效应”，发展文化产业，人才是关键，文化人才资源是第一文化资源。因此，河南省一是要建设一支行政人才队伍；二是要建设一支高层次的文化专业人才队伍；三是建设一支高水平的文化经营管理人才队伍。②发挥人才在文化产业发展中的作用，根据人民群众的需要、市场的需求不断创新创作出更多反映时代特征、河南特色的优秀文化产品，不断提高和丰富人民群众的精神文化生活。

（三）在文物资源向文化产业转化过程中重视“术”与“道”的关系

文物的外观只是它们的外部形态，不是它们的本质，它们的本质是从这些外部形态和形式中透露出来的文化精神，也就是说文物资源都是体现特定时代和特定民族的精神意识。因此，在文物资源向文化产业转换过程中，不是对文物资源原有外在形态的简单利用，而是通过对文物资源的思想内容和精神内涵改良与革新，使其能够不断适应变化的客观环境，具有创造性转化的生机，从而实现可持续发挥和永续利用。当然这也并意味着对文物资源的外在形态产生轻视，因为精神和思想意识是要有载体的，保护外在形态是为了显现内蕴精神，而不是破坏文物资源蕴含的精神特质。因此，河南省在文

---

① 李康化：《文化遗产与文化生产的创造性转化》，《江汉大学学报》（人文科学版），2011年第30卷第1期。

② 中共河南省党委党校科技文化教研部课题组：《河南文化资源优势转变为经济发展优势的若干思考》，《学习论坛》，2010年第26卷第11期。

物资源向文化产业转化过程中要重视转化的方法，而是要深入挖掘文物资源内在的精神因素，遵循文物资源内在的规律，实现其“道”的转化，这样的转化才会持久，才会可持续。

（四）处理好经济效益与社会效益的关系

在文物资源向文化产业转化过程中处理好眼前利益和长远利益、局部利益和整体利益、部门利益和全局利益的关系，防止急功近利，不计后果地开发。另外，还要兼顾学术研究、文化产业、环境保护、城市建设等诸多方面，达到经济效益、社会效益、环境效益的统一。当然，在文物资源向文化产业转化过程中，不仅要考虑文物的承受能力，还要考虑环境的承受能力。特别是在旅游产业开发过程中，不应单纯追求游客数量，以免给生态环境造成新的压力。另外，还要处理好开发利用与交通、城市建设的关系。文物资源的开发利用有赖于交通、城市建设的发展，而交通、城市建设又要与生态环境和文物资源的特点相适应。交通建设要充分考虑客流、物流量的大小，不能盲目贪大求高；城市规模不宜盲目扩张，主要是大力发展第三产业，完善服务功能，提高接待能力。总之，要将文物资源的开发利用与生态环境、基础设施及城市建设综合考虑和综合规划。

第四节　打造华夏历史文明传承创新区，建设中原经济区

中原经济区建设已经上升为国家发展战略，华夏历史文明传承创新区是中原经济区五大战略之一。如何打造华夏文明传承创新区，助推中原经济区

建设，是摆在河南省各级政府部门面前的一个重大而崭新的课题。下面将结合软实力理论与课题组在河南的调研，从软实力与硬实力的关系角度，对如何打造华夏历史文明传承创新区，实现中原经济的崛起进行探讨。

一、华夏文明传承创新区对中原经济区建设的作用机制

华夏历史文明传承创新区对中原经济区建设不仅具有直接效应，而且还具有间接效应。

（一）打造华夏文明传承新区对中原经济区建设的直接效应

华夏历史文明传承区作为河南省软实力的重要组成部分，可以通过体现它、承载它的资源基础——丰富的文物资源，直接为中原经济区建设做出贡献。例如，河南特有的文物资源所形成的文化产业、创意产业、旅游产业都可以直接在市场上实现价值，从而成为河南经济增长和产值增加的重要组成部分。由文物资源转化而成的文化产品作为一种物化的软实力，可以作为产品进行直接交换。因为它经过了人们的主观改造，已经包含了人类的劳动。其实每一个区域内都有属于自己的软实力资源，如果将其闲置，它将会永远沉睡下去。而如果能够充分重视，它就可能带来财富，并且将会使区域经济得到复苏，从而向外辐射，进一步带动其他资源的开发与利用，从而就形成了一个良性循环。

（二）打造华夏历史文明传承创新区对中原经济区建设的间接效应

区域软实力除了能够直接创造价值外，还能够产生多种积极的经济效应，从而影响生产要素的增长水平，对经济增长产生重要的影响。

华夏历史文明传承创新区内丰富的文物资源经过提炼、整合与创新成为了河南软实力的重要组成部分，从而能够积聚区域内的物质资本和人力资本，通过这种积聚效应推动生产要素的积累，并将其转化为生产力，从而对

产值和经济的增长产生关键的促进作用。实践证明，如果一个地区具有丰富文化资源、浓厚的文化氛围，那么它对生产要素的流动具有重要影响。华夏历史文明传承创新区可以通过其丰富的文物资源和浓厚历史底蕴为河南塑造良好的投资形象、投资环境，从而推动生产要素的聚集与流入。特别是当处在相近的地理条件、基础设施条件和其他发展背景下，“软实力”便成为积聚要素的关键变量。另外，华夏历史文明传承创新区既体现了河南浓厚的文化底蕴，也体现了河南的时代气息，而这些都是河南的精神追求，这些追求代表着一个河南的“气象”。在中原经济区建设中，这种追求是推动区域经济发展的不竭动力。在中原经济区建设中，人们精神状态如何，是否积极进取，是否拥有与时代相吻合的精神素质和价值理念，对河南发展起到至关重要的作用。中原经济区建设需要以积极向上的精神状态、高尚的理想情操、创新的价值理念、不懈的创业激情去凝聚人心，激发潜能，最大限度地调动人们的积极性和创造性。①

二、河南建设华夏历史文明传承创新区的独特优势

在中原地区建设华夏历史文明重要传承区，有着深厚的历史基础和坚实的现实支撑。可以说这是基于河南丰厚的历史文化底蕴的顺势之举，更体现出高度的文化自觉、文化担当和宽广的历史视野，具有较大的现实意义和深远的历史意义。下面就从历史和现实两个角度来分析建设华夏历史文明传承创新区的独特优势。

（一）资源优势：河南拥有丰富的文物资源

河南丰富的文物资源是举世公认的，这些文物资源为河南经济建设和社会发展提供了肥沃的土壤，是取之不尽、用之不竭的优势资源。中原地区是

① 周晓宏、郭文静：《软实力与区域发展简论》，《思想战线》，2009年第2期。

华夏历史文明的核心区域，是世界上较早进入人类社会文明的地区之一。从公元前21世纪中国历史上第一个国家——夏王朝的建立，到公元13世纪金代灭亡的3500年间，先后有20多个朝代的200多位皇帝建都或迁都于此，文化传承绵延不绝于今。轩辕黄帝的故里在此，姓氏、汉字、中华元典起源并传承于此，"根在河洛"、"根在中原"得到了海内炎黄子孙的普遍认同。[①]河南在漫长的历史发展过程中，也逐渐形成了几个大的历史沉淀层，留下了大量的文化遗存。这些遗存已经在河南文物存量一章进行了详细的展示，这里主要是对河南丰富的文物资源做一个宏观表述：河南省拥有龙门石窟、安阳殷墟、登封"天地之中"历史建筑群三处世界文化遗产；拥有189处全国重点文物保护单位和1047处河南省重点文物保护单位；拥有8处中国历史文化名城和9处中国历史文化名镇（村）。如此规模宏大的文物资源体系，是中华民族核心文化体系的物质载体，更是河南辉煌历史的实物见证。到目前为止，河南省的世界文化遗产有3个，排全国第二位，其全国重点文物资源保护单位有189处，排全国第二位，其中国历史文化名城有8座，排全国第一位，出土文物资源的数量162万件，占全国的文物资源也近三分之一，这也充分证明了河南省内文化遗产的规模、数量与质量在我国的核心位置。

（二）政策优势：中原经济区战略的提出为华夏历史文明传承创新区建设提供了历史机遇

中原经济区建设战略的提出为河南的发展注入了强大的活力，也为文化建设提出了更高的要求和难得的历史机遇。随着经济的发展，经济与文化日益融为一体，中原崛起需要有与之相应的文化精神的内驱力，文化可以为城市的经济社会发展注入新动力。也就是说中原经济区不仅具有区位价值、经济价值、社会价值、生态价值、而且具有突出的文化意蕴。建设中原经济区，归根到底是富民强省，使河南人民生活更加美好。然而对于一个社会的

① 张新斌：《中原文化解读》，文心出版社2007年版。

健康运行来说，经济与文化二者缺一不可。如果只重视经济发展，忽视了经济发展的文化价值取向，那就会带来严重的后果。河南省在中原经济区建设中一定要正确处理文化与经济的关系，防止“利令智昏”和“为富不仁”。[①]河南文物部门也应该抓住机遇，积极发挥文物作用，利用文物资源优势为河南省的经济和社会发展服务。积极探索和实践变文物资源优势为经济社会发展优势的有效途径和方式，现实文物工作在经济社会发展中具有不可替代的作用，使文物保护成果惠及广大人民群众，从而赢得社会的更多关注和更大的支持，为自身发展赢得更广阔的空间。

（三）经济优势：近年来河南经济的迅速发展为华夏历史文明传承创新区建设提供基础保障

“十一五”期间，河南省年生产总值由1万亿元到突破2万亿元，地方财政年收入由不足1000亿元到突破2000亿元、人均生产总值由1000美元到突破3000美元。可以说，河南经济实力已经得到了很大的提升，许多市县的发展水平已经接近甚至超过全国较为发达地区，大部分的市县已经开始摆脱生存阶段，进入发展阶段。这时软实力建设应该被提上议程，当然实现软实力的聚合外引效应，往往需要硬实力作为支撑。这是因为，如果没有硬实力的支撑，即便软实力资源再好，别人可能也注意不到。而有了硬实力的支撑，就等于把自己放在了聚光灯下，拥有了话语权，这样软实力资源的作用自然就发挥出来了。[②]华夏历史文明传承创新区建设作为河南软实力建设的重要部分，离不开河南强大经济实力这一硬实力的后盾。河南经济实力对华夏历史文明传承创新区建设的作用具体体现在两个方面：一是文化硬件建设，特别是文化机构的建立，例如，博物馆、图书馆、纪念馆等场所的建设所需要的投资，这是一项重要的公共财政支出，文化设施的建设离不开雄厚的资金支

① 李庚香：《文化河南与中原崛起》，《中州学刊》，2006年第1期。
② 韩勃、江庆勇：《软实力：中国视角》，人民出版社2009年版，第47页。

持。二是软件建设更是离不开资金的投入。人才的引进与培养就是一个很好的例子，对人才产生吸引力的一个重要内容就是优厚的待遇。另外，一个区域城市文化或城市形象的宣传也离不开资金投入，最明显的是广告的投入费用。总之，随着河南经济实力的不断提升，河南软实力建设也会得到迅速的提升，华夏历史文明传承创新区建设也会顺利、圆满地完成。

三、华夏历史文明传承创新区的构建路径

由于华夏历史文明传承创新区在国内尚属首次提出，没有现成的经验可资借鉴，同时，建设华夏历史文明传承创新区既牵涉到精神文化等文化的核心层面，又牵涉到物质文化遗产等不可再生资源，必须科学、严肃、慎重对待。课题组结合相关理论与经验资料，对华夏历史文明传承创新区的构建路径进行探索性分析。

（一）坚持文物资源保护与开发相协调，重在做“活”

保护文物与合理利用是相辅相成的，只有有效地保护好文物，才能为科学合理地利用文化创造必要前提。而科学合理的利用，也能够反过来促进文物的保护，许多文物、特别是历史建筑，不利用就很难保护。而合理利用一方面释放了文物本身所具有的多方面价值，为经济社会的发展服务，满足人民大众的精神生活需要；另一方面，也必须得到公众与社会的认可，获得更充足的财力支持。当然如何使文物资源的生命力得到复活成为了文物合理利用的重要目标，这就需要深入挖掘文物资源的精神财富，凝练、提升、创新，使其加快实现创造性转换。这种转换不是对文物资源进行简单的复制和开发。而是在保持原有精神内核和象征符号不变的前提下，使它们能够以现代形式复活。当然，得到有效保护的文物可以为文物合理利用提供丰富资源，没有对文物资源的有效保护，文物资源利用就是

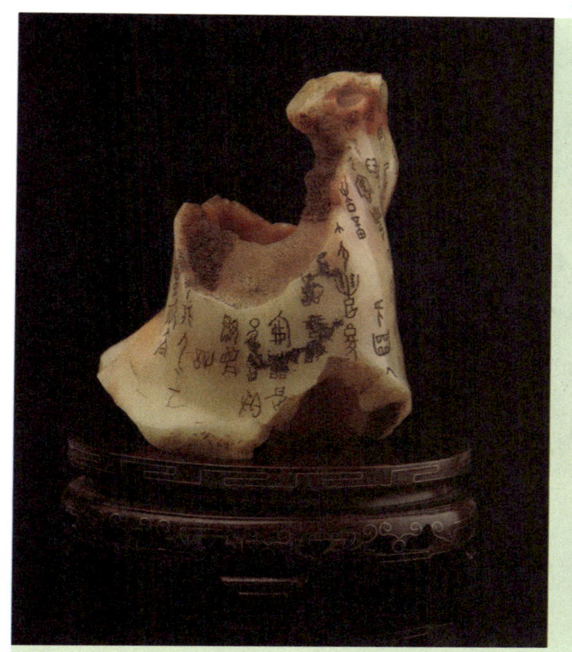

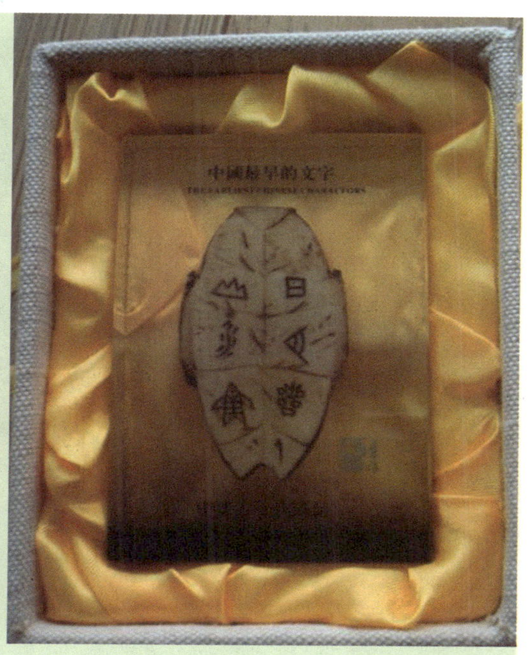

甲骨文的复仿制品

无源之水、无本之木。简言之，文物资源与文物利用之间存在着一种在传承中创造，在创造中传承的互动关系。

（二）坚持文物事业与文化产业相协调，重在做强

文物事业与文化产业一般以公益性与经营性划分。从目前的情况来看，人们对文物资源的认识大多还局限于文物事业狭小的范围内，大多停留在保护和适度开发层面上，只关注文物资源的现存数量和保护状况，局限于研究保护文物的方法途径、制定文物资源开发的原则、构建文物资源保护的体系标准等层面，而忽视了文物资源本身的生命力和潜在价值空间。[①]这就需要河南省利用文物资源优势，大力发展文化产业。首先应该实施世界文化遗产的品牌战略，就是利用世界遗产的知名度首先在文化产业内部培育出有市场号召力的文化品牌，然后将此品牌扩展到其他产业中，最大化实现品牌价值。另外，需要

① 李康化：《文化遗产与文化生产的创造性转化》，《江汉大学学报》（人文科学版），2011年第30卷第1期。

2007年8月10日，河南省委书记徐光春向罗格赠送了一尊莲鹤方壶模型，并介绍说："这是有两千年历史的青铜器模型，象征着和平和力量，这与奥林匹克精神有相似之处。"

构建文物资源产业链，目前河南省文物资源的开发利用大多还是局限在旅游产业，而且这种旅游产业属于粗放型开发，景区的承载量有限，产业链非常短，不仅背负了破坏性开发的污名，而且不利于历史文脉的延续。这就需要延长文物资源的产业链，通过完整的产业链条，对核心的文化产品进行深入开发，进而反复产出和出售，并且为相关产业提供市场附加值。

（三）华夏历史文明传承创新区建设应契合民生要求：重在民意

华夏文明传承创新区的构建，必然选择具有比较优势和投资吸引力明显的大项目，从而构筑华夏文明传承创新区的框架与载体，例如建立世界文化遗产保护基地、建立国家大遗址保护主题公园等。这些大项目的建设必然涉及人口调控、移民、环境整治、土地利用调整等具体问题，还会涉及文物保护、环境保护、城市绿地规划基本农田保护等相关政策，因而与当地民众利益密切相关。这就需要将以人为本作为华夏历史文明传承创新区建设的出发点和落脚点。不仅在构建过程中不损害民众的利益，还要最大限度地改善民生，真正实现保护利用成果由人民共享。具体表现在：通过华夏历史文明传承创新区建立使当地居民的生活条件、居住环境得到改善，使当地居民的经济收入增加，生活富裕，为当地居民提供更多的就业机会，更为重要的是要扩大居民的公共文化空间，提高居民的人文素质。总之，政府在华夏历史文明传承创新区建立中应该扮演一个主导者与引导着的角色，不断地鼓励民众对文物的保护与利用献言献策，并及时对问题进行解决。从而获得民众的信任，促使更多民众参与进来，使更多问题得到解决，使文物得到有效保护与合理利用。

（四）健全文物法制，依法行政，重在严格执法

健全法制，依法行政是法治政府行使行政权力所普遍遵循的基本准则。健全文物法制、依法行政、依法管理，是文物保护事业持续健康发展的根本保证。除了在文物事业范围内，我们还应该加强与文物密切相关的文化市场管理、文化资源开发、文化知识产权保护、文化产业发展等方面的立法工作。以立法的形式确保民众拥有、享受各种文化服务设施的权益。另外，我们还应该依据国家相关法律，结合河南实际，制定与夏历史文明传承创新区建立相关的地方性法规和规章。当然特别重要的是，必须加强相关法律法规执行情况的监督检查工作。[①]也就是说加强文物法制建设，关键在严格执法。河南省各级文物部门要牢固树立职权法定意识，程序法定意识、权责统一意识、全员执法意识，不断加强法制学习，把思想认识、工作行动统一到文物保护法规上来，努力实现与依法行政相适应的管理方式的转变，提高依法行政的自觉性和依法决策、依法办事的水平。做到有法可依、有法必依、执法必严、违法必究，为华夏历史文明传承创新区建立创造良好的法制环境。

---

① 杜超：《中原崛起与河南文化选择》，《信阳师范学院学报》（哲学社会科学版），2006年第26卷第4期。

后记

国务院最近出台的《关于支持河南省加快建设中原经济区的指导意见》，把华夏历史文明传承创新区作为中原经济区的五大战略定位之一，这是立足于中原和中原文化的根本文化地位提出来的，是有充分科学依据的，也是中原经济区有别于其他经济区的显著特点。河南是中华民族重要的发祥地，文物资源积淀厚重。文物是中华文明的物质载体和历史的见证，同时也是河南经济社会发展取之不尽、用之不竭的文化资源，是可循环、可持续开发利用的战略资源。然而，河南各地在文物保护与利用方面，认识程度存在较大差异，发展很不平衡。当然，这个问题在世界范围内也是难题。

为此，北京大学现代中国研究中心和河南省文物局合作开展了《软实力——河南文物与经济社会发展》课题研究，对此问题展开深入分析和探讨，以期揭示文物不仅具有巨大的社会价值，同时还具有和蕴藏着极大的经济价值。从而让各级政府及全社会提高对文物价值的全面认识，构建文物保护和开发利用的新模式。这不仅符合时代进步的要求，符合硬实力和软实力均衡发展的要求，更符合深化文化体制改革，推动社会主义文化大发展大繁荣的国家战略要求。

为了保证课题研究科学性和先进性，在课题组组建时注意吸纳了经济学、社会学、历史学、统计学、哲学、宗教、旅游、考古文博等多学科的国内一流专家、学者，力图从多学科、全方位、多视角去研究分析河南文物在经济社会发展中的作用。

课题组由赵维绥、张文彬担任顾问；以时任北京大学历史学系主任兼北京大学现代中国研究中心主任牛大勇教授为组长，常务副主任、研究员韩勃为常务副组长，研究员翟建军、金纲、吕宇斐为副组长，成员由董正华、薛富兴、易宏、张凯峰、江庆勇、徐京波、田颖等十多位多学科的教授、研究员、博士、硕士组成。

课题组采用了理论研究和实际研究相结合，定性研究和定量研究相结合的方法。该课题在资料搜集和资料分析的过程中，主要采取了系统普查法、专业调查法、结构性访谈法、参与式观察法、问卷调查法、案例比较分析法、文献分析法和SWOT分析法等具有开创性的研究方法，力争使课题更具科学性和客观性。

为了使各类数据科学准确，课题组针对河南省各级发改委、文化局、文物局、广电局、统计局、旅游局、工商局、建委、宗教局等政府部门及文物景点管理部门和文物景点游客，以及省外、国外居民，设计了经济调查、网络调查、社会调查等3大调查类型、4种社会调查问卷、30个经济数据普查表和13个经济数据抽样调查表。课题组先后多次走访了河南省发改委、文物局、统计局、旅游局、工商局、建设厅等省直机关以及河南省14个省辖市和19个县（市）；与相关市、县的文物、文化、旅游、宗教、教育、社会团体先后联合召开了27场座谈会。

通过近一年的努力，共获取问卷、各类统计表2万余份，其中：有效表（卷）7862份，同时获取了近百万字的文字记录和大量的影像、图片及近百小时的录音资料。基本掌握了有关河南文物对经济社会贡献的各类经济数据和社会贡献素材。为课题科学研究分析奠定了坚实基础。可以说，本课题实现了四个方面的创新：（1）理论视角的创新，课题以软实力理论为基础，提出了文物资源具有经济价值和社会价值的理论假设，并通过研究、分析，得到了验证和检验。（2）资料获取方式的创新，课题组采用了多种统计资料方法，深入实际深入基层获得了大量第一手资料，成为课题研究的重要论据支撑。（3）对河南文物资源间接经济价值测算理念的创新。文物资源的间接经

济价值，是因为文物资源存在而对其他产业的拉动而产生增加值，改变了因文物部门投入其他部门而产生效益拉动的测算理念。（4）对文物资源的社会价值评估的创新。课题组提出了文物具有政治价值、科教价值、文艺价值、传播价值、感召价值等五种价值。针对这五种价值，课题组并没有对其进行泛泛的文字描述，而是通过一线调查获得的资料为基础，进行统计分析，定性解释，案例分析，从而使河南文物资源的社会价值评价，具有说服力和科学性。

课题组还多次组织专家学者分别在北京大学和河南省文物局进行座谈，对课题研究方向和方法进行反复论证和探讨，以高标准和科学的、实事求是的态度进行该课题的研究。

专家组专家《软实力：河南文物与经济社会发展》课题论证会

组长牛大勇负责课题总体的组织、统筹、审订。

副组长韩勃、翟建军、金纲、吕宇斐负责了课题规划和研究总体架构设计。

副组长韩勃、翟建军、吕宇斐及副研究员徐京波负责了课题理论研究和价值评估模式的建构，为课题创新打下了良好的基础。

副组长翟建军、吕宇斐及副研究员徐京波等负责了所有社会调查、经济调查和座谈题目的内容设计，以及调查和座谈的组织、调查和调查座谈材料的整理、分析研究。

副组长吕宇斐负责了课题报告导论、第一章和第五章的分析和撰写，参与了第三章和第四章数据的理论分析研究。

副研究员徐京波负责了课题报告第二章、第三章和第四章的分析研究和撰写。

副组长翟建军、吕宇斐和副研究员徐京波对全文进行了多次修改、校对和总体贯通。

国家文物局办公室主任朱晓东博士负责统稿，牛大勇对课题报告进行了审改。

在整个课题研究的过程中，全国政协委员、文化部原副部长赵维绥，原国家文物局局长张文彬，全国政协委员、原国家文物局副局长张柏，国家文物局政策法规司司长李耀申，国家文物局政策法规司法规处处长张建华，中国文化遗产研究院院长刘曙光，河南省文物局局长陈爱兰、副局长孙英民、李玉东、郑小玲、马萧林等，多次参加研究座谈，对课题的研究给予了具体的指导，并提出了宝贵的意见。尤其是国家文物局办公室主任朱晓东博士，利用大量时间对课题报告进行了两次通审；河南省文物局文物保护与考古处处长秦文生为课题组调研给予多次联系安排，对课题报告进行修改。在此，我们特表示衷心感谢！

还要感谢河南省文物局、河南省统计局、河南省发展和改革委员会、河南省旅游局、河南省工商局；郑州市文物局、郑州市博物馆、郑州市大河村遗址博物馆，登封市文广新局、登封市文物局、登封少林寺景区、中岳庙景区、嵩阳书院景区；巩义市康百万庄园文物保管所；洛阳市文物局、洛阳市统计局、洛阳市发展和改革委员会、洛阳市工商局、洛阳市规划局、洛阳市委外宣办、洛阳市旅游局、洛阳龙门世界文化遗产管理委员会、洛阳关林景区管理委员会、洛阳博物馆、洛阳天子驾六博物馆；开封市文物公园局、开封市龙亭公园景区管理委员会、铁塔公园景区管理委员会；三门峡市文物局、渑池县文物保护管理所；南阳市文物局；遂平县文物保护管理所、遂平嵖岈山人民公社旧址博物馆；安阳市文物局、安阳殷墟管理处、中国文字博物馆、汤阴文物保护管理所、汤阴羑里城景区；辉县文物管理局；濮阳市文化局、濮阳市戚城文物景区管理处；沁阳市文物局、沁阳朱载堉纪念馆；郏县文化局、郏县临风寨、郏县广阔天地大有作为人民公社；禹州市文广新局、禹州市文物管理所、禹州市神垕镇政府；周口市文化局、淮阳太昊陵管理处、鹿邑老子故里景区；商丘市文物局、商丘市睢阳区文化旅游局等机构为课题组提供了宝贵而丰富的数据资料。

虽然我们做了大量的探索性研究，取得了一定的突破，但由于是一次探索性的研究，有许多问题和不足在所难免，希望大家提出更多好的意见和建议，对于不当之处给予批评指正，我们表示衷心感谢！

北京大学现代中国研究中心
二〇一一年十月二十三日

Summery of the Book

The Soft Power: Physical Cultural Heritage and the Social and Economic Development in Henan Province, is dedicated those related governmental and non-governmental organizations, especially to the Bureau of Cultural Heritage in Henan Province, in order to show decision makers what motivation and value that physical cultural heritages contain and how they could contribute to the development of local economy and society.

Although people and governments in both oriental and western societies had known that cultural heritages mean some important values to them and had been trying to use various economic and statistical tools and models to quantify them, but few of them could fully understand what values it has and to what extent cultural heritage can influence their daily lives and society and, not to mention, could fully calculate its economic and social value.

The purpose of this book is to fully uncover the power of cultural heritages and evaluate their value from the 21st century point of view, in order to show local and state decision makers and people that cultural heritages are the core of cultural resources and one of the key sources that consist of national resources and state power.

In this book, we try to combine the knowledge and experience from archeology, museology, philosophy, sociology, economics, statistics, rural and urban planning to approach cultural heritages in order to find out their content, real motivation and value system in modern Chinese society. We were inspired by the philosophy that resources of cultural heritage is the core of cultural resources and the crucial part of national resources, which footnotes that cultural heritage is the greatest achievement from the natural, cultural and human resources in its era. From that fundamental philosophy, we reached to the sociological concept of the soft power, motivation and value system of cultural heritage and created a group of brand new criteria for statistically calculating and evaluating their economic and social values.

Cultural heritages, the source of power of national creativity, vitality, cohesion, cultural propagation and appealing, consist the core of culture resources, and also the major source of state soft power. Such an important historical and present status of cultural heritages require that we have to undertake a bigger scale of investigation and evaluation never done before so that any relevant governments and NGOs can better understand the real motivation, economic and social value of cultural heritages in depth never had before.

In order to fully evaluate the motivation and values of cultural heritage in Henan

Province, we firstly launched massive thorough investigations among all relevant local governments that hold information and data of cultural heritages so that we could calculate the direct and indirect economic value they generated based on our new criteria. Then we organized massive extensive social surveys inside Henan Province and other six metropolitan areas outside Henan Province in each important regions in China base on our newly-designed survey forms so that we could find out how people inside and outside the region think of the influence and values that the cultural heritages in Henan Province have on their daily lives, communities and societies.

With large amount of statistical data never investigated and collected by any social organization before from different government departments, we have done our large scale of statistical calculation on the economic value of cultural heritages in Henan based on our economic model, which at the end yielded a very encouraging result. With great numbers of answers, comments and interview records through our social surveys, we calculated the social value of cultural heritages in Henan based on our sociological model, which also showed us the same direction as their economic value. With the economic and social value resulted from our calculation, we conclude in the book that local cultural heritages not only generate huge direct and indirect economic profits through wide range of industries, but also, much more important, generate great and profound social benefits for the local people, government, communities, society and state.

The local cultural heritages are very important not only because that it contributes directly and indirectly a total of 2.19% for the local GDP in Henan Province, with a rocketing growth rate in the last several years, and especially during the transition from non-sustainable to sustainable economic and social development model in the next 5 years, but also, even more important, because that it retains the power of creativity, vitality, cohesion, cultural promogation and appealing among people and communities, which carry the spiritucal and physical power for prolongating the life of the local society and the whole nation.

Base on such rich economic profits and enomous social benefits that cultural heritages carry, we conclude that cultural heritage is one of the most important strategic and tactical resources of a group, a community, a city, a region and a state that will contribute in a more explicit way and in a much bigger scale to the sustainability of the future of our nation and our state.

Research Unit of "Soft Power and Cultural Heritage"
Center for Modern China Studies
Peking University

图书在版编目(CIP)数据

软实力：河南文物与经济社会发展 / 北京大学软实力与文化遗产课题组著.
—北京：红旗出版社，2011.12

ISBN 978-7-5051-2068-6

Ⅰ.①软… Ⅱ.①北… Ⅲ.①文物－关系－经济发展－研究－河南省
Ⅳ.① K872.61 ② F127.61

中国版本图书馆CIP数据核字(2011)第242503号

书　　名：软实力：河南文物与经济社会发展
著　　者：北京大学软实力与文化遗产课题组

出 品 人：高海浩	责任校对：李　娟
总 监 制：徐永新	封面设计：李　妍
责任编辑：毛传兵	版式设计：荣建娟

出版发行：红旗出版社
地　　址：北京市沙滩北街2号

邮　　编：100727	编 辑 部：010-64037146
E - mail：hongqi1608@126.com	发 行 部：010-64024637
欢迎品牌图书项目合作	项 目 部：010-84026619

印　　刷：北京画中画印刷有限公司

开　　本：787毫米×1092毫米	1/16
字　　数：220千字	印　　张：15.5
版　　次：2011年12月北京第1版	2011年12月北京第1次印刷

ISBN 978-7-5051-2068-6　　定　　价：68.00元

版权所有　翻印必究　印装有误　负责调换